Qual o meu Propósito?

LEONARDO TAVARES

Qual o meu Propósito?

QUAL O MEU PROPÓSITO?

SUMÁRIO

PREFÁCIO

Bem-vindo a "Qual o Meu Propósito?" – uma exploração apaixonante pelo intricado labirinto da existência, rumo à resposta de uma pergunta que ecoa profundamente em todos nós: Qual é o meu propósito?

Imagine-se em uma encruzilhada, olhando para um caminho incerto. Essa é a posição em que todos nós nos encontramos em algum ponto de nossas vidas. O propósito, embora seja uma busca individual, é uma inquietação universal. É a busca pela estrela que guia nossa trajetória, pelo significado que dá cor à nossa existência.

Este livro é um convite para uma exploração íntima, uma viagem através de páginas repletas de orientações e reflexões. Aqui, vamos trilhar os caminhos do autoconhecimento, enfrentar desafios, celebrar triunfos e aprender com a adversidade. Ao longo dessa jornada literária, descobriremos que o propósito não é uma resposta estática, mas uma melodia em constante evolução, uma sinfonia que compomos com as batidas do nosso coração.

Cada capítulo é uma nota nessa sinfonia, uma peça do quebra-cabeça que é a nossa vida. Ao nos aprofundarmos, veremos que o propósito está entrelaçado em nossa essência, esperando ser desvendado e vivido. A cada virada de página, vamos explorar as inúmeras facetas dessa busca: o autoconhecimento, as conexões com outros, a resiliência diante dos desafios e o impacto que podemos ter no mundo.

O convite é para refletir, para buscar dentro de nós mesmos as respostas que às vezes procuramos no exterior. É uma jornada de introspecção, de se despir das camadas sociais e das máscaras que usamos no cotidiano para, finalmente, encontrar nossa verdadeira essência.

O propósito é o farol que nos guia na escuridão, a bússola que aponta a direção. Ao nos aprofundarmos nesse tema, podemos começar a entender que somos parte de algo maior, que nossas vidas têm um propósito em um grande enredo que se desdobra ao nosso redor.

Preparado para essa odisseia? Embarque nesta experiência enriquecedora e descubra o significado que habita em sua alma. O caminho começa agora, e o destino é a realização de viver de acordo com seu propósito.

Boa leitura!

Leonardo Tavares

1

INTRODUÇÃO

Iniciar a busca pelo propósito começa com um passo, e cada passo conta na construção de uma vida significativa.

Bem-vindo a uma caminhada de autodescoberta e crescimento pessoal, onde mergulharemos fundo no poder transformador de encontrar e viver de acordo com seu propósito de vida. Este livro é uma jornada de reflexão, aprendizado e inspiração, projetado para ajudá-lo a desvendar os segredos que residem em seu interior e descobrir o propósito que orientará sua vida de maneira significativa.

Imagine a vida como um quebra-cabeça intrigante, e o propósito sendo a peça central que une todas as outras. Quando encontramos nosso propósito, de repente as coisas começam a fazer sentido; nossa existência adquire um significado profundo e uma direção clara. É como se encontrássemos o caminho iluminado em meio à escuridão, fornecendo orientação e motivação em nossa rotina diária.

Ao longo dos capítulos deste livro, exploraremos os aspectos essenciais da busca pelo propósito. Veremos como a busca pelo propósito não é apenas uma experiência individual, mas uma busca universal que todos nós compartilhamos como seres humanos. A necessidade de encontrar um propósito de vida é inerente à nossa natureza e fundamental para nossa satisfação, felicidade e paz interior.

A verdade é que cada um de nós é único, com talentos, habilidades e experiências que nos diferenciam. E é exatamente essa singularidade que forma a base de nosso propósito. Descobrir seu propósito significa entender sua singularidade e como você pode usá-la para contribuir para o mundo de uma maneira única e valiosa.

A IMPORTÂNCIA DE ENCONTRAR UM PROPÓSITO DE VIDA

O propósito não é apenas um conceito filosófico ou esotérico; é uma necessidade humana básica. É um combustível que alimenta nossa paixão, nosso compromisso com a vida e nosso desejo de fazer a diferença. Pessoas que vivem com propósito são mais resilientes diante dos desafios, mais dedicadas às suas metas e mais capazes de superar obstáculos.

Quando vivemos com propósito, experimentamos um aumento na felicidade e no bem-estar. Nossas vidas se tornam mais significativas e gratificantes. Sentimo-nos mais conectados aos outros e ao mundo ao nosso redor, pois entendemos nosso papel e nosso impacto na grande teia da existência.

Por outro lado, uma vida sem propósito pode levar a sentimentos de vazio, apatia e desorientação. Sem um objetivo claro, podemos nos perder em um ciclo interminável de tarefas e responsabilidades, sem entender o porquê de estarmos fazendo o que fazemos. Isso pode resultar em descontentamento, ansiedade e um profundo senso de desconexão.

Encontrar seu propósito não apenas beneficia você, mas também beneficia aqueles ao seu redor e o mundo em geral. Cada pessoa que vive de acordo com seu propósito contribui para um mundo mais alinhado com os valores e metas de todos. Imagine um mundo onde todos estão em sintonia com o que realmente importa para eles, e estão contribuindo para um bem maior. Esse é o poder do propósito.

Quando descobrimos nosso propósito, algo mágico acontece. Nossa perspectiva muda, e começamos a ver desafios como oportunidades de crescimento e aprendizado. O propósito nos dá a coragem de seguir nossos sonhos e a força para superar obstáculos que, de outra forma, poderiam nos deter.

Imagine um alpinista encarando a majestosa montanha diante dele. Sem propósito, ele vê apenas uma subida árdua e difícil. Com propósito, ele vê uma jornada de autotransformação, onde a conquista do topo representa a superação de limites internos. O propósito nos dá a visão necessária para transformar adversidades em degraus em nossa escalada em direção à realização.

Assim como um navegador confia em sua bússola para atravessar os mares vastos e incertos, o propósito atua como nossa bússola na viagem da vida. Ele nos oferece uma direção clara, um ponto de referência para nos guiar através das águas tempestuosas do destino. Sem um propósito claro, nossa viagem pode se tornar uma deriva sem rumo, resultando em uma sensação de desorientação e perda.

Com um propósito em mente, somos como navegadores determinados, navegando através da vida com determinação. Temos um destino a alcançar e uma rota a seguir. Mesmo nas tormentas da vida, podemos confiar em nosso propósito para nos guiar com segurança até o outro lado.

A vida moderna está repleta de distrações e exigências, muitas vezes levando-nos a dispersar nossa energia em várias direções. O propósito age como um filtro, nos ajudando a discernir o que é verdadeiramente essencial no meio desse ruído. Ele nos permite concentrar nossos esforços e recursos nas atividades que estão alinhadas com nossa missão de vida.

Imagine um artista diante de uma tela em branco. Sem propósito, ele pode começar a pintar aleatoriamente, resultando em uma composição confusa e desarticulada. Mas com um propósito claro, ele pinta com intenção, cada pincelada contribuindo para a imagem final que ele tem em mente. Assim, o propósito nos ajuda a criar uma obra-prima de nossa vida, focalizando no que verdadeiramente importa e contribuindo para o quadro global.

OS BENEFÍCIOS DE VIVER UMA VIDA COM PROPÓSITO

Viver uma vida com propósito não é apenas uma abordagem filosófica, mas uma jornada que traz consigo uma série de benefícios tangíveis e intangíveis. Esses benefícios permeiam todos os aspectos da nossa existência, influenciando nossa saúde física, mental, emocional e social. Vamos explorar a fundo os inúmeros benefícios que vêm com viver com propósito.

A sensação de contentamento e realização que acompanha viver de acordo com nosso propósito é verdadeiramente única. É como encontrar a última peça do quebra-cabeça e finalmente ver a imagem completa. Cada escolha e ação ganham um significado profundo e um sentimento de estar no caminho certo. Esse contentamento provém de viver em harmonia com nossos valores fundamentais e objetivos de vida.

Imagine um músico em plena sintonia com sua obra-prima, onde cada nota é tocada com precisão e paixão. Assim é viver com propósito, onde cada dia é uma sinfonia de ações alinhadas, criando uma harmonia interna que ressoa em tudo o que fazemos.

O propósito age como um catalisador poderoso, fornecendo a motivação necessária para enfrentar os desafios que a vida inevitavelmente apresenta. Nos momentos difíceis, quando parece que as forças estão se esgotando, o propósito nos impulsiona a persistir. Sabemos que cada obstáculo superado nos aproxima de nossa visão e missão de vida, dando-nos a determinação para continuar.

Pense em um atleta que, durante uma maratona, se depara com a exaustão e a vontade de desistir. No entanto, ele se lembra do propósito que o motivou a começar essa jornada: arrecadar fundos para uma causa que o toca profundamente. Esse propósito renova sua energia e o impulsiona a cruzar a linha de chegada. Da mesma forma, nosso propósito nos dá a força para enfrentar os obstáculos em nossa caminhada.

Uma vida com propósito nos conecta em níveis profundos com o mundo ao nosso redor. Descobrimos um senso de pertencimento e comunidade, pois estamos contribuindo de maneira significativa para algo maior do que nós mesmos. Esse sentimento de contribuição fortalece nossos relacionamentos, criando laços mais profundos e autênticos.

Imagine-se como um fio em uma tapeçaria intricada. Sem propósito, você pode se sentir solto, sem conexão real com os outros fios ao seu redor. Mas quando está alinhado com seu propósito, você se entrelaça perfeitamente na tapeçaria da vida, formando um padrão significativo e bonito.

Essa conexão profunda com os outros e com o mundo gera um ciclo de positividade que se espalha. Quando contribuímos de maneira significativa, inspiramos e motivamos os outros a fazerem o mesmo. Esse ciclo virtuoso de impacto positivo gera um mundo mais compassivo, onde as pessoas se apoiam e se ajudam mutuamente, criando uma comunidade mais forte e unida.

Assim como uma pedra lançada em um lago cria ondulações que se estendem, nossa contribuição para o mundo, guiada pelo propósito, gera ondas de positividade que tocam e transformam a vida de muitos.

Este livro é um convite para você embarcar em uma experiência rumo à descoberta do seu propósito de vida. À medida que avançamos, exploraremos estratégias e exercícios práticos para ajudá-lo a identificar seu propósito e integrá-lo em sua vida cotidiana. Estamos prestes a desbravar terreno desconhecido, desvendando os segredos de sua alma e iluminando o caminho para uma vida plena de significado e propósito.

No próximo capítulo, mergulharemos fundo em nossa própria essência. Vamos explorar técnicas e práticas que o ajudarão a refletir sobre suas experiências, valores e crenças, trazendo clareza ao seu propósito. Assim como cada página de um livro contém segredos e revelações, cada reflexão o aproximará de um entendimento mais completo de quem você é e o que veio fazer neste mundo.

Prepare-se para uma transformação inspiradora!

2

REFLEXÃO PESSOAL

*Ao olhar para dentro, encontramos os tesouros
do propósito. A introspecção é a chave que abre
as portas da descoberta.*

A reflexão pessoal, essa peregrinação interior, é uma das ferramentas mais poderosas que possuímos para descobrir e compreender nosso propósito de vida. É a luz que ilumina os corredores escuros e ocultos da nossa mente, revelando nossos verdadeiros desejos, valores e aspirações.

Na busca pelo propósito, muitas vezes nos perdemos no ruído incessante do mundo externo. Vivemos em uma era onde a velocidade é celebrada e a introspecção é muitas vezes negligenciada. No entanto, é essencial fazer uma pausa, olhar para dentro de nós mesmos e fazer as perguntas mais cruciais: Quem sou eu? Por que estou aqui? Qual é o meu propósito?

O autoconhecimento, que é o cerne deste livro, não é apenas uma contemplação abstrata de quem somos. É uma imersão completa em nosso próprio ser, uma análise franca e corajosa de nossos pontos fortes e fracos, paixões e medos, sonhos e desilusões. É como desvendar os capítulos de um livro antigo e misterioso que conta a história de nossa vida.

Conhecer a si mesmo é o primeiro passo em direção a uma vida alinhada com o propósito. Imagine-se como um explorador destemido navegando pelos mares desconhecidos de sua própria alma. O autoconhecimento é o mapa nessa viagem, indicando os caminhos a serem percorridos, revelando os tesouros ocultos dentro de você.

Neste capítulo, adentraremos o universo da reflexão pessoal. O convidamos a despir-se das máscaras que talvez tenha adotado ao longo dos anos e a enfrentar a pessoa que verdadeiramente é. Pois é somente quando nos conhecemos completamente que podemos discernir com clareza o nosso caminho na vastidão da existência.

A NECESSIDADE DE AUTOCONHECIMENTO PARA DESCOBRIR O PROPÓSITO

Imagine sua vida como um livro aberto, com páginas repletas de experiências, escolhas e emoções. Cada página contém uma parte da sua história, mas também abriga pistas e mensagens sobre seu propósito. No entanto, para decifrar e compartilhar a mensagem do propósito, você precisa ler e compreender cada página desse livro.

Se não conhecermos o conteúdo desse livro, se não examinarmos nossas experiências e refletirmos sobre elas, ficaremos perdidos em sua trama complexa. O autoconhecimento é a chave que nos permite ler e interpretar cada página, identificando os temas recorrentes e os valores fundamentais que impulsionam nossa narrativa de vida.

Para descobrir nosso propósito, é essencial que conheçamos nossos pontos fortes, fraquezas, paixões, medos e motivações. Devemos explorar nossas experiências passadas, nossos sucessos e fracassos, nossos relacionamentos e os momentos que nos moldaram. O autoconhecimento é o mapa que nos guiará em nossa busca por propósito.

IDENTIFICANDO SEUS VALORES E CRENÇAS FUNDAMENTAIS

Nossos valores e crenças são o núcleo do nosso ser; eles moldam nossas decisões, comportamentos e percepções de mundo. Identificar e compreender nossos valores e crenças é crucial para descobrir um propósito que esteja alinhado com quem somos.

Os valores são os princípios fundamentais que consideramos importantes em nossa vida. Podem ser coisas como honestidade, amor, justiça, liberdade, entre outros. Eles servem como nossa bússola moral, guiando nossas escolhas.

As crenças são as convicções que temos sobre nós mesmos, os outros e o mundo. Podem ser positivas ou limitantes. Identificar crenças limitantes e trabalhar para transformá-las é essencial para liberar nosso potencial e abraçar nosso propósito.

Refletir sobre nossas experiências passadas e observar os momentos em que nos sentimos mais autênticos e realizados pode nos ajudar a identificar nossos valores e crenças. À medida que reconhecemos e integramos esses princípios em nossa vida cotidiana, nosso propósito se torna mais claro e significativo.

TÉCNICAS DE REFLEXÃO E AUTOAVALIAÇÃO

A reflexão e a autoavaliação são ferramentas poderosas para adquirir autoconhecimento. Elas nos permitem fazer uma pausa na correria da vida e olhar para dentro, questionar, analisar e compreender nossos pensamentos, emoções e ações. São técnicas eficazes para iniciar esse processo:

Diário de reflexão

O diário de reflexão é como um espelho que reflete nossa jornada interior. Ao dedicar um tempo diariamente para escrever, você registra suas experiências, emoções, desafios e conquistas. É um lugar onde você pode expressar livremente seus pensamentos mais íntimos e fazer um inventário de sua vida.

Meditação

A meditação é uma prática poderosa que acalma a mente e nos conecta com nosso eu mais profundo. É uma porta aberta para dentro de nós mesmos, onde podemos adentrar para fazer perguntas e buscar respostas sobre nosso propósito de vida.

Entrevista consigo mesmo

Ao se entrevistar, você faz perguntas direcionadas a si mesmo, explorando suas paixões, valores, habilidades e metas. Essa técnica simula uma conversa direta, ajudando a trazer à tona pensamentos e reflexões que podem estar latentes.

Feedback de terceiros

Às vezes, é difícil para nós mesmos identificarmos nossas qualidades e talentos. Pedir feedbacks a pessoas de confiança pode oferecer perspectivas valiosas sobre nossas habilidades e características únicas.

Visualização criativa

A visualização criativa é uma técnica poderosa para criar uma imagem clara de como sua vida seria ao viver seu propósito. Ela ajuda a ancorar suas metas e desejos, tornando-os mais tangíveis e motivadores.

Essas técnicas de reflexão e autoavaliação são como lentes que nos permitem focar e examinar diferentes aspectos de nós mesmos, orientando-nos na busca por nosso propósito. Ao dedicar tempo e energia para praticar essas técnicas regularmente, você se aproximará cada vez mais de uma compreensão mais profunda de quem você é e qual é o seu propósito na vida.

A descoberta de nosso propósito de vida está entrelaçada com nossa compreensão de nós mesmos. Ao identificar nossos valores e crenças fundamentais, explorar nosso interior com sinceridade e aplicar técnicas de reflexão e autoavaliação, começamos a desvendar as peças desse quebra-cabeça complexo, nos aproximando de descobrir o caminho que nos levará a uma vida plena de significado e propósito.

No próximo capítulo, convidamos você a seguir em frente, na busca incessante pela compreensão de si mesmo e de seu destino. Iremos navegar pelas águas inexploradas de seus interesses mais profundos e paixões ardentes.

Prepare-se para uma jornada emocionante e inspiradora. Ao descobrir e nutrir suas paixões e interesses, você estará mais próximo de desvendar o mistério do seu propósito de vida. Continuaremos juntos a explorar o intrincado tecido da sua existência, buscando aquilo que o faz vibrar e o impulsiona a uma vida de significado e realização.

3

EXPLORANDO INTERESSES E PAIXÕES

*Nossas paixões são estrelas-guia em um vasto céu
de possibilidades. Siga o brilho e descubra
seu propósito único.*

Explorar seus interesses e paixões é como percorrer uma floresta exuberante e desconhecida, cheia de trilhas que levam a desvios inesperados e belezas inexploradas. É uma jornada de autodescoberta, uma oportunidade de investigar suas inclinações mais profundas e entender o que te move. Por meio dessa exploração, você encontrará portais para seu propósito, onde suas paixões se entrelaçam de maneira sublime.

Neste capítulo, adentraremos em um universo de descobertas fascinantes e auto conexão genuína. É um convite para uma experiência única, onde os lampejos brilhantes de suas paixões iluminarão os caminhos que o levarão ao seu verdadeiro propósito de vida. Vamos explorar, aprofundar e celebrar o poder transformador dos interesses e paixões que habitam o seu ser.

O INTRINCADO MUNDO DOS INTERESSES

Os interesses são como caminhos sinuosos que nos conduzem a explorar territórios desconhecidos, expandindo nossa visão de mundo e nos permitindo descobrir novas facetas de nós mesmos. Em muitos aspectos, os interesses são os primeiros sinais que nos indicam a direção na busca de nosso propósito de vida.

Imagine seus interesses como trilhas em uma floresta vasta e misteriosa. Cada caminho oferece uma experiência única, uma chance de desvendar segredos e maravilhas que a vida tem a oferecer. Assim como um aventureiro que escolhe um percurso baseado em sua curiosidade e desejo de explorar, nossos interesses nos guiam para onde nossa alma anseia.

A diversidade dos interesses

Os interesses são diversos e multifacetados. Eles podem abranger uma variedade de áreas, incluindo, mas não se limitando a:

Hobbies e atividades recreativas: Seja pintura, jardinagem, esportes, música ou artesanato, nossos hobbies muitas vezes refletem nossas inclinações naturais e nos permitem expressar nossa criatividade.

Estudo e aprendizagem: Interesses intelectuais incluem a busca por conhecimento em campos como ciência, filosofia, história, literatura, ou até mesmo aprender novos idiomas.

Ativismo e causas sociais: Alguns de nós têm um interesse apaixonado em defender causas sociais, como direitos humanos, meio ambiente, saúde, educação e justiça social.

Carreira e profissão: Nossas escolhas profissionais e aspirações de carreira podem ser um reflexo de nossos interesses e competências.

Viagens e exploração: Para alguns, explorar o mundo e aprender sobre diferentes culturas é uma grande fonte de interesse e inspiração.

A arte de explorar os interesses

Explorar seus interesses é uma arte. É a prática consciente de seguir sua curiosidade, de abrir portas para o desconhecido e de se permitir aprender e crescer. Aqui estão maneiras de aprimorar essa arte:

Mantenha a mente aberta: Esteja aberto a novas experiências e ideias. Seja curioso e disposto a experimentar algo novo, mesmo que inicialmente pareça fora de sua zona de conforto.

Leia ampla e profundamente: A leitura amplia seus horizontes, oferecendo insights sobre uma variedade de tópicos. Além disso, ela pode ajudar a identificar áreas que o fascinam.

Participe de eventos e conferências: Comparecer a eventos, conferências ou workshops relacionados a seus interesses pode fornecer uma imersão mais profunda e oportunidades de networking.

Converse com especialistas: Procure conversar com pessoas que são especialistas ou têm experiência em áreas de seu interesse. Suas perspectivas podem abrir novas visões.

Experimente diversas atividades: Dê-se permissão para experimentar uma variedade de atividades antes de decidir o que realmente o atrai. Às vezes, é preciso um pouco de experimentação para descobrir paixões ocultas.

O papel dos interesses na descoberta de paixões

Os interesses são como faróis que iluminam o caminho em direção às nossas paixões. Eles nos atraem e nos fazem mergulhar em experiências únicas. Cada interesse é uma peça do quebra-cabeça, uma descoberta que pode levar a uma paixão ainda maior. É como se cada interesse fosse um pequeno raio de luz, iluminando uma parte de nossa paixão interior.

Ao se envolver em diferentes interesses, você começa a perceber quais atividades e tópicos ressoam profundamente com você. Alguns interesses podem brilhar intensamente, indicando uma paixão latente. Outros podem levar a novos interesses ou a uma compreensão mais profunda de suas paixões já existentes. Por meio da exploração corajosa de seus interesses, você encontrará as pérolas de sabedoria que iluminarão seu caminho em direção a uma vida cheia de significado e realização.

O INCANDESCENTE MUNDO DAS PAIXÕES

As paixões são verdadeiros fogos que ardem dentro de nós, iluminando nosso caminho no transcorrer da vida. Elas nos acendem, nos inspiram, nos motivam a perseguir nossos sonhos e objetivos. São as forças que nos fazem sentir vivos, nos incitam a levantar a cabeça, a buscar mais, a ir além do ordinário. Conhecer nossas paixões é como segurar um facho de luz que ilumina nossos desejos mais profundos.

É vital entender o que o faz perder-se em uma atividade, o que desperta sua curiosidade e entusiasmo, o que o torna mais autêntico e completo. Quando estamos em sintonia com nossas paixões, nos sentimos mais vivos do que nunca. Elas nos movem, nos empurram para a frente, nos desafiam e nos inspiram a buscar grandeza. Cada paixão é uma chama, e cada chama é uma história que quer ser contada.

Exercícios para descobrir suas paixões e interesses

Descobrir suas paixões e interesses é uma exploração consciente e deliberada do que o faz vibrar, do que o faz sentir-se apaixonado pela vida. É como desvendar os segredos de um mapa do tesouro, seguindo as pistas que o levam ao coração do seu propósito. São exercícios práticos para guiá-lo nessa busca:

Diário de paixões: Reserve um tempo regularmente para escrever sobre as atividades que o fazem sentir-se mais vivo e animado. Registre o que você estava fazendo, com quem estava e como se sentia. Com o tempo, padrões e tendências começarão a emergir.

Lista de desejos: Faça uma lista das coisas que você sempre quis fazer, mesmo que pareçam distantes ou inatingíveis. Essa lista pode revelar seus desejos e interesses profundos.

Converse com amigos: Pergunte a amigos próximos sobre as atividades ou interesses que eles veem em você. Às vezes, os outros têm uma perspectiva valiosa sobre nossas paixões.

Experimentação: Não tenha medo de experimentar coisas novas. Participe de workshops, cursos ou grupos relacionados a áreas que lhe interessam. A experiência direta pode ajudar a identificar paixões que você não sabia que tinha.

Visualização criativa: Reserve um tempo para visualizar sua vida ideal, incluindo a realização de suas paixões e seu propósito de vida sendo cumprido. A visualização pode ajudar a identificar o que realmente importa para você.

Esses exercícios são os faróis que o guiarão pelo oceano das suas paixões. Eles são convites para mergulhar mais fundo em si mesmo, para descobrir os tesouros escondidos que estão esperando para serem revelados.

Integrando paixões na sua vida diária

Descobrir suas paixões é apenas o começo. Integrar suas paixões à sua rotina diária é um ato de amor próprio e um investimento em sua felicidade. Quando você dá espaço para suas paixões todos os dias, você se encontra em um estado de fluidez, onde cada momento se torna uma expressão do que você ama e valoriza.

Imagine acordar a cada manhã com um brilho nos olhos, ansioso para mergulhar nas atividades que o fazem vibrar. Isso não é apenas um sonho, mas uma realidade alcançável. Incorporar suas paixões na sua vida diária é abrir uma porta para uma existência mais autêntica, mais inspirada e verdadeiramente sua. São algumas maneiras de fazer isso:

Priorize suas paixões: Reserve tempo regularmente para se dedicar às suas paixões, mesmo que seja apenas por alguns minutos por dia. Priorizar o que você ama é uma maneira poderosa de integrar paixões em sua rotina.

Encontre pontos de conexão: Procure maneiras de integrar suas paixões em sua carreira ou trabalho atual. Às vezes, pequenas mudanças podem permitir que você combine o que ama com o que faz.

Compartilhe com os outros: Compartilhar suas paixões com amigos, familiares ou colegas pode criar um senso de responsabilidade e ajudar a mantê-lo comprometido com elas. Além disso, pode inspirar outros a descobrirem e seguirem suas próprias paixões.

Defina metas: Estabeleça metas relacionadas às suas paixões. Ter objetivos claros pode motivá-lo a trabalhar consistentemente em direção ao que ama.

Crie espaço para a inspiração: Mantenha um espaço físico ou mental dedicado às suas paixões. Isso serve como um lembrete constante do que você valoriza e deseja incorporar em sua vida.

A integração de suas paixões em sua vida diária não apenas adiciona uma dimensão significativa à sua existência, mas também fortalece sua conexão com seu propósito de vida. Suas paixões são as cores que preenchem a tela da sua vida, tornando-a vibrante e rica em significado.

Um convite para a jornada infinita

A exploração de seus interesses e paixões não é uma caminhada com um ponto final. É um convite para uma trajetória infinita, uma celebração constante de quem você é e do que o faz pulsar. À medida que você avança nesta trilha, suas paixões podem se expandir, se aprofundar e se transformar.

Cada interesse explorado é uma viagem que o leva mais adiante na aventura de viver com significado e paixão. Cada paixão descoberta é um capítulo adicional em seu livro de vida, uma página virada que o aproxima de seu propósito. Honre e celebre suas descobertas, pois são elas que o levarão a uma vida de realização e autenticidade. Vá em frente, persiga suas paixões e deixe-as guiá-lo na busca do seu propósito de vida.

No próximo capítulo, vamos descobrir como suas habilidades e talentos únicos estão intrinsecamente ligados ao seu propósito de vida. Você entenderá como esses dons podem ser usados não apenas para seu benefício, mas também para o bem-estar do mundo ao seu redor. Prepare-se para uma exploração emocionante que o levará a desvendar os segredos de suas habilidades e talentos, e como eles se entrelaçam com o tecido de sua existência.

4

HABILIDADES E TALENTOS ÚNICOS

Cada talento é uma nota em sua sinfonia pessoal.
Toque sua melodia e deixe o mundo ouvir a sua canção.

Você é uma peça única no grande quebra-cabeça da vida. Dentro de você, há habilidades e talentos inatos que o tornam especial e valioso. Essas habilidades são como estrelas em um céu noturno, cada uma brilhando com seu próprio esplendor distinto. Ao reconhecer, cultivar e utilizar suas habilidades únicas, você não apenas enriquece sua própria jornada, mas também contribui para o tecido mais amplo da humanidade.

Neste capítulo, vamos explorar as facetas fascinantes de suas habilidades e talentos, desvendando o que os torna excepcionais e valiosos. Mais do que apenas um olhar superficial, essa exploração será uma profunda imersão no âmago da sua autenticidade. Ao compreender suas habilidades e talentos, você abrirá portas para oportunidades que o levarão mais perto do seu propósito de vida.

O TESOURO ESTÁ DENTRO DE VOCÊ

Imagine sua vida como um baú de tesouros escondido em uma ilha misteriosa. Esse baú contém os dons únicos que você possui - habilidades, talentos e aptidões que o tornam uma preciosidade singular. Como um aventureiro destemido, é seu dever buscar, identificar e nutrir esse tesouro interior.

Cada habilidade é como um diamante, com suas próprias facetas, brilho e singularidade. Ao poli-las e lapidá-las, você descobrirá novas maneiras de iluminar o mundo ao seu redor. E, assim como um tesouro compartilhado, suas habilidades, quando reveladas e utilizadas, podem enriquecer não apenas sua vida, mas também a vida daqueles com quem você compartilha este mundo.

A diversidade de habilidades naturais

As habilidades e talentos que residem dentro de você são um espectro vibrante e diversificado. Algumas podem ser óbvias e reluzentes, destacando-se como estrelas em uma noite serena. Outras podem estar ocultas nas profundezas do seu ser, aguardando pacientemente para serem descobertas.

Cada indivíduo é uma tapeçaria complexa de habilidades naturais, um verdadeiro mosaico de competências que se entrelaçam e criam uma sinfonia única de potencial. Essas habilidades formam um espectro vasto e variado, mostrando uma diversidade inigualável. Conheça um pouco sobre cada uma:

Habilidades óbvias e sutis: Algumas habilidades são como estrelas brilhantes no céu noturno, evidentes e notáveis desde cedo. Elas se destacam em nossa jornada, chamando nossa atenção e muitas vezes sendo reconhecidas por aqueles ao nosso redor. Essas são habilidades evidentes, claras e prontas para serem utilizadas para nossa vantagem e para contribuir para o mundo.

No entanto, há habilidades mais sutis, escondidas nas profundezas de nossa alma. Elas podem não ser imediatamente visíveis, mas são igualmente poderosas e impactantes quando descobertas. Muitas vezes, requerem uma exploração mais profunda, um olhar atento e uma reflexão consciente para serem identificadas.

Habilidades práticas: Algumas habilidades naturais são práticas, ajudando-nos a abordar desafios e problemas de maneira eficaz e eficiente. Elas estão relacionadas à nossa capacidade de organizar, planejar, solucionar problemas e executar tarefas com destreza. São habilidades que nos permitem navegar pelo mundo de maneira estratégica e bem-sucedida.

Essas habilidades práticas nos auxiliam em nossa vida diária, orientando-nos na resolução de problemas complexos e na gestão de múltiplas responsabilidades. Elas são alicerces sólidos sobre os quais construímos nossas conquistas.

Habilidades sociais: Outro conjunto essencial de habilidades naturais são as habilidades sociais. Elas moldam nossos relacionamentos e interações com o mundo ao nosso redor. Estas habilidades abrangem a capacidade de comunicar-se eficazmente, ouvir atentamente, empatia, colaboração, liderança e resolução de conflitos.

Essas habilidades são cruciais para nossa interação com amigos, família, colegas de trabalho e a sociedade em geral. Elas nos capacitam a construir relações saudáveis e significativas, promovendo um ambiente de compreensão e cooperação.

Habilidades criativas: As habilidades criativas são aquelas que permitem que você inove, se expresse e crie de maneiras únicas. Elas são uma manifestação de nossa imaginação, intuição e originalidade. As habilidades criativas englobam áreas como arte, música, escrita, design, entre outras.

Explorar e nutrir nossas habilidades criativas nos permite trazer inovação ao mundo e expressar nossa singularidade. Elas são um veículo para transmitir nossas emoções, pensamentos e perspectivas únicas.

O que torna cada indivíduo notável é a maneira como essas habilidades naturais se entrelaçam e criam uma sinfonia única. Assim como uma orquestra composta por músicos diversos, cada habilidade contribui para o todo, criando uma harmonia que é única para cada pessoa.

Quando reconhecemos e honramos a diversidade de nossas habilidades, percebemos que não há uma habilidade "certa" ou "errada". Cada habilidade, seja prática, social ou criativa, tem seu papel e importância em nossa vida. São essas habilidades, variadas e interligadas, que nos capacitam a enfrentar desafios, formar conexões e criar algo novo e significativo.

A compreensão e celebração da diversidade de nossas habilidades naturais nos permite explorar nosso potencial ao máximo, utilizar nossos talentos de maneira eficaz e contribuir para o mundo de uma maneira autêntica e valiosa.

Identificando suas habilidades naturais

Identificar suas habilidades naturais requer introspecção e observação cuidadosa. Você pode começar fazendo uma lista de todas as coisas que você é bom ou que lhe trazem alegria. São modos de identificar suas habilidades:

Explorando experiências passadas: O passado é um tesouro de informações sobre quem somos e no que somos naturalmente proficientes. Revisitar sua história e experiências é uma maneira poderosa de reconhecer suas habilidades naturais. Pergunte a si mesmo: o que sempre foi fácil para eu fazer? Quais atividades ou tarefas sempre me atraíram e que eu realizava com relativa facilidade? Esses são indícios valiosos sobre suas habilidades inatas.

Lembre-se dos momentos em sua vida em que as coisas fluíam suavemente, quando você sentia que estava em seu elemento. Mergulhe em suas memórias e descubra os padrões que emergem. Seja desde a infância até os dias atuais, suas experiências pregressas podem lançar luz sobre suas habilidades naturais.

Recorde situações em que se destacou ou recebeu elogios: Muitas vezes, nossas habilidades naturais se manifestam quando estamos fazendo algo que realmente amamos e valorizamos. Reflita sobre situações em que você se destacou, seja no âmbito pessoal ou profissional. Lembre-se dos momentos em que recebeu elogios ou reconhecimento. O que você estava fazendo nesses momentos? Que habilidades estavam em jogo?

Os elogios e reconhecimentos que recebemos dos outros frequentemente estão relacionados às nossas habilidades naturais. Isso pode ser um indicador valioso para identificar onde brilhamos naturalmente.

Feedback de terceiros: Muitas vezes, as pessoas ao nosso redor percebem nossas habilidades de maneiras que nós mesmos não percebemos. Buscar feedback honesto e construtivo de amigos, familiares, colegas de trabalho ou mentores pode oferecer uma perspectiva valiosa sobre nossas habilidades naturais.

Pergunte a essas pessoas o que elas veem como seus pontos fortes e talentos. Elas podem destacar qualidades em você que você pode não ter percebido. Suas observações podem revelar habilidades que você subestimou ou áreas onde você se destaca.

Avaliação profissional: Existem várias avaliações profissionais e testes de personalidade disponíveis que podem lançar luz sobre suas habilidades naturais. Essas ferramentas são projetadas para identificar padrões em seu comportamento, estilo de trabalho e preferências, auxiliando na descoberta de suas habilidades únicas.

Essas avaliações podem abranger uma ampla gama de aspectos, desde habilidades técnicas específicas até características comportamentais gerais. Ao fornecer respostas honestas e precisas, você pode obter insights valiosos sobre suas habilidades naturais e como elas podem se alinhar com seu propósito.

A identificação e compreensão de suas habilidades naturais são fundamentais para trilhar um caminho alinhado com seu propósito de vida. A exploração consciente dessas habilidades o capacita a moldar uma vida significativa, onde você pode utilizar seus dons únicos para fazer uma contribuição valiosa ao mundo.

COMO SEUS TALENTOS PODEM SER INDICADORES DE SEU PROPÓSITO

Nossos talentos e habilidades não são meras coincidências; frequentemente, são indicadores valiosos de nosso propósito de vida. Cada talento que possuímos é uma ponte que nos conecta a uma parte de nossa história. Aquilo que fazemos excepcionalmente bem pode estar intrinsecamente ligado àquilo que estamos destinados a fazer neste mundo.

Encontrando conexões entre talentos e propósito

Observe seus talentos e considere como eles podem se alinhar com um propósito maior. Se você é habilidoso em comunicação, talvez seu propósito envolva inspirar e influenciar positivamente os outros. Se você é analítico e lógico, talvez seu propósito envolva resolver problemas e melhorar sistemas.

O propósito muitas vezes se manifesta quando usamos nossos talentos para fazer a diferença na vida de outras pessoas ou no mundo de forma mais ampla. A chave é compreender como nossos talentos podem servir a um propósito maior, contribuindo para um bem comum.

A realização através dos talentos

Quando usamos nossos talentos de maneira significativa, sentimos um profundo senso de realização. É como se estivéssemos no lugar certo, fazendo o que nascemos para fazer. Nossos talentos muitas vezes estão interligados com nossa paixão, e quando os aplicamos em direção a algo que realmente importa para nós, experimentamos uma satisfação e um sentido de propósito incomparáveis.

Ao reconhecer e abraçar nossos talentos como indicadores de nosso propósito, podemos trilhar um caminho que está alinhado com quem somos profundamente. É uma caminhada em que nossos dons naturais nos guiam, e cada passo nos aproxima da realização e do impacto significativo no mundo.

DESENVOLVIMENTO DE HABILIDADES PARA ALINHAR COM O PROPÓSITO

Desenvolver habilidades alinhadas com nosso propósito é um passo crucial para uma vida mais autêntica e significativa. É um investimento em nós mesmos e em nossa contribuição para o mundo. Desenvolver habilidades não é apenas aprimorar o que já possuímos, mas também adquirir novos conhecimentos e competências que nos impulsionarão na direção do nosso propósito.

Identificando as habilidades necessárias

Primeiro, identifique as habilidades que são necessárias para cumprir seu propósito. Avalie as demandas do campo ou área que deseja contribuir e descubra as habilidades-chave exigidas. Isso pode envolver habilidades técnicas, habilidades interpessoais, habilidades de liderança ou outras competências específicas.

Cursos e treinamentos

Participar de cursos, workshops e treinamentos relacionados ao seu propósito é uma maneira eficaz de desenvolver habilidades. Essas oportunidades de aprendizagem podem fornecer conhecimentos práticos, insights valiosos e orientações de especialistas no campo.

Mentoria e aconselhamento

Buscar orientação de mentores que já percorreram o caminho que você está trilhando pode ser transformador. Os mentores podem oferecer conselhos valiosos, compartilhar suas experiências e fornecer orientações específicas sobre como desenvolver as habilidades necessárias para cumprir seu propósito.

Prática contínua

A prática constante é fundamental para o desenvolvimento de habilidades. Dedique tempo regularmente para praticar e aprimorar suas habilidades. A repetição e o esforço contínuo o levarão à maestria, permitindo que suas habilidades sejam uma extensão natural de quem você é.

Assim como um jardim que requer cuidado e nutrição, suas habilidades únicas precisam ser cultivadas e desenvolvidas. Isso significa investir tempo e esforço para aprimorar suas habilidades, aprender continuamente e expandir seu conjunto de competências. Envolva-se em atividades que permitam que suas habilidades floresçam.

Integrando suas habilidades na vida diária

Uma vez que você identificou e desenvolveu suas habilidades, a próxima etapa é integrá-las em sua vida cotidiana. É nesse ponto que você não apenas reconhece seus dons, mas os coloca em prática, os compartilha com o mundo e os utiliza para moldar seu percurso.

Alinhando suas escolhas de carreira com suas habilidades: Uma maneira poderosa de integrar suas habilidades é alinhá-las com suas escolhas de carreira. Quando seu trabalho diário permite que você utilize suas habilidades e talentos, você se sente em casa. Sua energia é canalizada de forma produtiva e criativa, e cada dia no trabalho se torna uma expressão autêntica de quem você é.

Por exemplo, se você tem habilidades em liderança e organização, buscar cargos de gestão pode ser uma opção natural. Se possui habilidades criativas, explorar carreiras nas artes ou no design pode ser o caminho. Alinhar sua carreira com suas habilidades é uma escolha consciente de viver sua vida com propósito.

Contribuindo para projetos comunitários ou voluntariado: Outra maneira poderosa de integrar suas habilidades é contribuir para projetos comunitários ou se voluntariar onde suas habilidades são valorizadas. Muitas organizações sem fins lucrativos ou grupos comunitários precisam de pessoas com habilidades específicas para alcançar seus objetivos.

Por exemplo, se você tem habilidades em finanças, oferecer consultoria para uma organização sem fins lucrativos pode ser uma maneira de contribuir. Se é bom em ensinar, oferecer aulas gratuitas pode ser sua forma de dar de volta à comunidade. Integrar suas habilidades em projetos que beneficiam a sociedade amplifica seu impacto e oferece uma sensação de propósito mais profunda.

Vida autêntica: Quando suas habilidades estão em harmonia com sua vida, você não apenas se sente realizado, mas também contribui de uma maneira que é única para você. Sua vida se torna uma expressão autêntica de quem você é, e você deixa uma marca singular no mundo.

Essa integração não só afeta sua vida profissional, mas se estende a todos os aspectos de sua existência. Você utiliza suas habilidades em seus relacionamentos, hobbies, e em tudo o que faz. Sua presença é uma fusão de suas habilidades e sua personalidade, resultando em uma vida autêntica e significativa.

Ao integrar suas habilidades na vida cotidiana, você se torna uma força única e valiosa no mundo. Sua contribuição se destaca, pois é uma mistura única de talento, paixão e propósito. Você se torna a melhor versão de si mesmo e, ao fazer isso, inspira os outros a fazerem o mesmo.

Continue a explorar e a desenvolver suas habilidades e talentos únicos, pois eles são os meios pelos quais você pode cumprir seu propósito e deixar uma marca duradoura no mundo. Sua caminhada de autodescoberta e crescimento é um tesouro em si mesma, e você é o guardião desse tesouro, pronto para compartilhá-lo com o mundo.

5

VISÃO E METAS DE VIDA

Sonhe grande, trace metas com coragem e persiga sua visão com determinação. O propósito se revela na busca incansável.

No grande teatro da vida, a visão e as metas de vida são os roteiros que escrevemos para nós mesmos. São as páginas em branco onde delineamos nossos papéis, cenários e enredos. A visão é a trama mestra que dá significado à narrativa, enquanto as metas são os atos que nos impulsionam, criando um espetáculo memorável de nossa existência.

Imagine sua vida como uma viagem em alto-mar. A visão é a estrela do norte, um farol brilhante que guia o navio pelos oceanos desconhecidos, dando-lhe direção e propósito. As metas são as velas, capturando o vento e impulsionando-o para frente, em direção à sua visão, superando tormentas e desafios.

Neste capítulo, mergulharemos fundo nas águas da visão e das metas de vida. Exploraremos como uma visão clara pode iluminar o horizonte da existência, como as metas bem traçadas podem transformar sonhos em realidade palpável e como o plano de ação é o leme que nos mantém no curso. Vamos navegar por esse oceano de possibilidades, onde cada onda é uma chance de realização, e cada maré é uma oportunidade de crescimento.

VISÃO: PINTANDO O QUADRO DE SEU DESTINO

A visão é o retrato de como você imagina sua vida ideal no futuro. É uma representação clara e vívida de onde você deseja estar, do que deseja alcançar e do impacto que deseja ter no mundo. A visão dá um propósito mais amplo à nossa existência e nos ajuda a perseverar, mesmo em face de desafios.

A claridade da visão

Uma visão é mais do que um sonho vago; é uma fotografia mental nítida de nosso futuro desejado. É uma representação viva de nossas ambições, de quem desejamos ser e do legado que queremos deixar. Quanto mais clara e definida for essa imagem, mais poderosa será sua influência sobre nossas vidas.

Explorando as profundezas: Imagine sua vida daqui a cinco, dez ou vinte anos. Como você se vê? O que está fazendo? Com quem está? Qual é seu impacto no mundo? Mergulhe fundo nessas perguntas, pois quanto mais profundo você vai, mais clareza ganha.

Desenhando sua vida: Assim como um artista seleciona meticulosamente suas cores e pincéis, selecione os elementos que compõem sua vida ideal. Desenhe cada parte dela, desde a carreira e os relacionamentos até o estilo de vida e as contribuições para a sociedade. Seja específico, seja detalhado.

Cristalizando seus objetivos: A visão não é apenas sobre o destino final; é sobre o caminho para chegar lá. Que metas e objetivos específicos você precisa atingir para tornar essa visão realidade? Transforme esses objetivos em etapas claras e alcançáveis.

O legado que deseja deixar: Pergunte-se sobre o legado que deseja deixar. Que marca quer deixar no mundo? Como quer ser lembrado(a)? Visualize as vidas que tocou e as mudanças que provocou.

A alquimia da visão em ação

Uma visão sem ação é como uma tela sem tinta, bonita, mas vazia. Transformar a visão em realidade requer uma alquimia especial: a alquimia da ação.

Plano de ação estruturado: Cada objetivo em sua visão precisa de um plano de ação detalhado. Quais são as etapas específicas que você precisa seguir? Como você medirá seu progresso? Um plano claro é o esboço da sua obra-prima.

Disciplina e persistência: Assim como um pintor precisa de disciplina para dedicar horas à sua arte, você precisa de disciplina para seguir seu plano de ação. A persistência é a tinta que dá vida a sua visão.

Adaptabilidade e flexibilidade: Às vezes, o quadro de nossas vidas muda. É vital ser adaptável e flexível, ajustando o plano de ação conforme necessário sem perder de vista a visão.

Celebração das conquistas: Cada pincelada no quadro de sua visão merece ser celebrada. Reconheça e celebre suas conquistas, não apenas o quadro acabado.

A visão é a bússola de nossa viagem. Ela nos dá um ponto de referência, nos ajuda a navegar pelo desconhecido e a persistir quando as ondas estão agitadas. Com uma visão clara e um plano de ação sólido, estamos prontos para navegar no vasto oceano da vida, rumo a um horizonte de realizações. A ação é o pincel que dá vida ao quadro; é a forma como moldamos nossa narrativa e fazemos a nossa marca no grande teatro da vida.

METAS DE VIDA: OS MARCADORES DO PROGRESSO

As metas de vida são os faróis que iluminam nosso caminho em direção à visão de um futuro desejado. Quando a visão é o destino, as metas são os passos que nos levam até lá, os marcos que nos mantêm no caminho certo. Elas transformam a visão abstrata em tarefas e ações tangíveis, tornando-a mais alcançável.

Estabelecendo metas significativas

Uma meta significativa é a espinha dorsal do sucesso. Ela precisa ser SMART: específica, mensurável, alcançável, relevante e com prazo definido. Cada meta deve estar perfeitamente alinhada com a visão que pintamos para o futuro. Por exemplo, se sua visão é brilhar profissionalmente, uma meta SMART pode ser "Adquirir uma certificação profissional relevante nos próximos dois anos".

Específica: Uma meta clara é como um alvo definido. Ela precisa ser detalhada e precisa para que você saiba exatamente o que precisa alcançar.

Mensurável: É fundamental que sua meta seja mensurável, para que você possa acompanhar o progresso e entender quando a alcançou.

Alcançável: A meta deve ser desafiadora, mas alcançável. Ela deve estar dentro das suas possibilidades e capacidades reais.

Relevante: A meta deve estar alinhada com sua visão e ser relevante para seu caminho. Deve fazer sentido dentro do quadro mais amplo.

Com prazo definido: Toda meta precisa ter um prazo. Isso cria um senso de urgência e mantém você no caminho certo.

A resiliência das metas

As metas não apenas nos ajudam a alcançar nossa visão, mas também nos tornam mais resilientes. Ao alcançar metas menores ao longo do caminho, experimentamos um senso de conquista que nos impulsiona a continuar, mesmo quando enfrentamos desafios.

O ciclo de revisão e ajuste

As metas não são estáticas. É importante revisá-las periodicamente, avaliar nosso progresso e fazer ajustes se necessário. Às vezes, nossas circunstâncias ou prioridades mudam, e nossas metas precisam ser atualizadas para refletir isso.

O PAPEL DO PROPÓSITO NA REALIZAÇÃO DE METAS

O propósito é a força motriz por trás de nossas ações e metas. É o combustível que nos impulsiona a continuar, mesmo diante dos desafios. Vamos entender como o propósito se entrelaça com nossas metas e como pode aumentar nossa capacidade de realização.

Conecte suas metas ao seu propósito

Ao definir suas metas, relacione-as ao seu propósito de vida. Certifique-se de que cada meta esteja alinhada com seus valores e aspirações mais profundas. Isso trará uma motivação intrínseca que é vital para a perseverança.

Ajuste o curso, mas mantenha o rumo

Às vezes, durante a jornada, podem surgir obstáculos inesperados ou oportunidades inesperadas. É importante ter a flexibilidade de ajustar nosso foco, mas sem perder de vista nossa visão final. O importante é permanecer comprometido com o destino, mesmo que a rota precise ser adaptada.

Use seu propósito como guia de tomada de decisão

Quando confrontado com escolhas e decisões, consulte seu propósito. Pergunte-se se a opção em questão está em harmonia com seus objetivos de vida. Isso ajuda a manter o foco e a direção.

Transforme seu propósito em mantra motivacional

Internalize seu propósito e o transforme em um mantra motivacional. Repita-o para si mesmo diariamente. Quando você está ciente de seu propósito e o mantém vivo em sua mente, ele se torna um impulsionador constante.

Compartilhe seu propósito

Compartilhe seu propósito com pessoas de confiança. Ao fazer isso, você se responsabiliza por ele e cria um sistema de apoio que o incentiva a seguir adiante. O feedback e a validação positiva também reforçam sua determinação.

VISUALIZANDO O FUTURO
O PODER DA MENTALIZAÇÃO

A visualização é uma ferramenta poderosa para alcançar suas metas e visão de vida. Ela envolve imaginar claramente a realização de suas metas e viver sua visão no presente, em sua mente. Essa prática ajuda a manter o foco, a motivação e a confiança no processo de alcançar suas metas. São práticas de visualização:

Sessões diárias de visualização

Fazer da visualização um hábito diário é essencial. Dedique tempo específico todos os dias para se conectar com suas metas e visão, criando um espaço sagrado onde você mergulha profundamente na experiência da realização. É como um encontro marcado consigo mesmo, onde você rejuvenesce sua determinação e mantém sua visão viva.

Detalhes vívidos

Ao visualizar, é fundamental adicionar detalhes nítidos e vívidos à sua cena mental. Imagine não apenas o que alcançou, mas como se sente, o que vê, ouve e até mesmo cheira. Quanto mais detalhes você incorpora, mais real e tangível sua visualização se torna, tornando-a mais eficaz.

Emoções positivas

As emoções são o combustível da visualização. Ao visualizar a realização de suas metas e viver sua visão, concentre-se nas emoções positivas que essa conquista traria. Sinta a alegria, a gratidão, o orgulho e a satisfação. Deixe essas emoções fluírem livremente durante sua visualização, pois são elas que darão vida à experiência mental.

Ação consciente

Essa poderosa ferramenta da mente é um caminho para ancorar sua visão e metas em seu subconsciente, criando uma sinergia entre seus desejos e suas ações. Quando você se vê já alcançando o que deseja, está mais propenso a seguir em frente e trabalhar incansavelmente para transformar suas visualizações em realidade.

Concluímos mais um capítulo desta experiência rumo à descoberta do seu propósito de vida. Você aprendeu como a visão clara é o farol que ilumina o caminho, e como as metas bem estabelecidas são os marcos que o guiam ao longo dessa jornada.

Conscientize-se que suas visões e metas são o esqueleto da sua narrativa pessoal, e é você quem decide como preencher essas páginas em branco com aventuras e realizações. Sua visão é a promessa do futuro, suas metas são os passos que o levarão até lá, e seu propósito é o motor que o impulsiona.

Agora, convido a embarcar na próxima etapa desta fascinante exploração do ser humano. No próximo capítulo, mergulharemos fundo no domínio da influência positiva e da maneira como nossas ações podem moldar o mundo ao nosso redor.

Prepare-se para descobrir como seu propósito pode não apenas transformar sua vida, mas também impactar a vida de outros e contribuir para um mundo mais significativo. Juntos, exploraremos como deixar um legado duradouro e como suas escolhas e ações têm o potencial de criar um impacto profundo.

A jornada continua, e o palco está pronto para receber você na próxima cena.

6

IMPACTO E CONTRIBUIÇÃO PARA O MUNDO

*O propósito floresce quando nossas ações
fazem eco no coração da humanidade.
Seja a mudança que deseja ver no mundo.*

No coração da nossa experiência de descoberta de propósito reside a busca por algo maior do que nós mesmos, algo que vai além das nossas necessidades e desejos individuais. Trata-se do desejo intrínseco de fazer um impacto duradouro no mundo, de contribuir para algo significativo e deixar um legado que perdure muito além da nossa própria existência.

Cada um de nós é parte de um tecido complexo e interconectado da humanidade. Desde tempos imemoriais, os seres humanos têm ansiado por algo mais do que simples sobrevivência. Vivemos em uma sociedade que prospera quando cada um de nós contribui com nossos talentos e habilidades de maneira significativa. Nessa interação, encontramos o verdadeiro significado de nossa existência.

Perguntas como "Como posso fazer a diferença?", "Como posso contribuir para um mundo melhor?" e "Qual é o meu papel no progresso da sociedade?" frequentemente permeiam nossas mentes. A resposta a essas perguntas muitas vezes se entrelaça com nosso propósito de vida.

Neste capítulo, vamos mergulhar profundamente na exploração do impacto e da contribuição para o mundo. Vamos examinar como nossas ações, independentemente de quão pequenas ou grandiosas possam parecer, podem criar um efeito dominó de mudanças positivas que ressoam através do tempo. Vamos descobrir como a busca pelo significado de vida não está limitada às fronteiras do 'eu', mas se estende a um desejo inato de deixar um legado duradouro e positivo.

DESCOBRINDO COMO VOCÊ PODE FAZER A DIFERENÇA

O primeiro passo para fazer um impacto significativo no mundo é descobrir como você pode fazer a diferença. Isso começa com uma profunda autoanálise e reflexão sobre suas paixões, habilidades e valores. São modos de iniciar essa experiência de descoberta:

Autoconhecimento

O autoconhecimento é a âncora de qualquer experiência de descoberta de propósito e impacto. É o ato de entender quem você é em um nível fundamental, indo além da superfície das atividades diárias e examinando suas paixões, motivações e inclinações. São formas de aprofundar seu autoconhecimento:

Reflexão pessoal profunda: Dedique tempo para refletir sobre suas experiências de vida, tanto as positivas quanto as desafiadoras. Pergunte-se sobre os momentos que o deixaram mais satisfeito e por quê. Isso pode revelar insights valiosos sobre suas paixões e motivações intrínsecas.

Prática de *mindfulness*: A prática da atenção plena pode ajudar a desenvolver uma consciência mais clara de seus pensamentos, emoções e motivações. Ao se tornar mais consciente de suas reações e impulsos, você pode entender melhor o que o motiva e direcionar esse impulso para o bem.

Diálogo interno construtivo: Observe o diálogo interno que você tem consigo mesmo. Esteja atento às mensagens que você se envia e como elas afetam suas atitudes e ações. Cultive um diálogo interno positivo e orientado para o crescimento.

Exploração artística ou criativa: Seja através da escrita, da arte, da música ou outras formas de expressão criativa, explore suas emoções e ideias. Muitas vezes, nossas paixões e motivações estão entrelaçadas com nossas expressões artísticas.

Avaliação de habilidades

Suas habilidades e talentos únicos são as ferramentas que você possui para criar um impacto positivo no mundo. Identificá-los e compreendê-los é crucial para entender como você pode fazer a diferença. Passos para avaliar suas habilidades:

Autoavaliação de habilidades: Faça uma lista de habilidades que você acredita ter. Isso pode incluir habilidades técnicas, habilidades sociais, habilidades de liderança, entre outras. Considere como você pode aplicar essas habilidades para contribuir para causas ou problemas que o tocam.

Feedback externo: Peça feedback a amigos, colegas ou mentores sobre suas habilidades. Eles podem oferecer perspectivas que você pode não ter considerado, identificando habilidades que você subestima ou até desconhece.

Experiências passadas: Reflita sobre experiências passadas, seja no âmbito profissional, acadêmico ou pessoal. Pense nas situações em que você se destacou e identifique as habilidades que foram fundamentais para esse sucesso.

Definição de valores

Os valores que você possui são os princípios que orientam suas decisões e ações. Eles são uma bússola interna que ajuda a direcionar seu impacto para um caminho alinhado com o que é realmente significativo para você. São formas de definir seus valores:

Identificação dos valores centrais: Faça uma lista de valores que são mais importantes para você. Pode incluir coisas como integridade, igualdade, liberdade, justiça, entre outros.

Priorização dos valores: Ordene sua lista de valores em termos de prioridade. Pergunte a si mesmo quais valores são absolutamente fundamentais e quais são secundários.

Alinhamento de ações com valores: Ao tomar decisões ou planejar suas contribuições para o mundo, verifique se estão alinhadas com seus valores prioritários. Isso garante que seu impacto seja autêntico e significativo para você.

Exploração de paixões

As paixões que você identificou são uma fonte valiosa de inspiração e energia. Elas muitas vezes estão conectadas a áreas onde você pode fazer a diferença. São maneiras de explorar suas paixões para criar um impacto positivo:

Investigação de causas correspondentes: Para cada paixão que você tem, pesquise organizações, grupos ou movimentos que estejam trabalhando nessa área. Envolver-se com essas iniciativas pode ser uma maneira poderosa de traduzir sua paixão em ação.

Colaboração com outros apaixonados: Junte-se a grupos ou comunidades que compartilham suas paixões. Ao colaborar com outras pessoas que têm o mesmo fervor, você pode amplificar seu impacto coletivo.

Criação de projetos pessoais: Inicie projetos pessoais que estejam alinhados com suas paixões. Isso pode ser tão simples quanto iniciar um blog sobre um tema que o apaixona ou organizar eventos para aumentar a conscientização sobre uma questão que lhe interessa.

Pesquisa e aprendizado

O conhecimento é uma ferramenta poderosa para criar um impacto informado e eficaz. Quanto mais você sabe sobre as questões que o interessam e as organizações que estão trabalhando nessa área, mais eficaz será seu impacto. São modos de aprimorar seu aprendizado:

Leitura e estudo constantes: Leia livros, artigos, estudos e relatórios sobre as causas que o interessam. Mantenha-se atualizado com as últimas informações e pesquisas.

Participação em workshops e palestras: Participe de workshops, seminários e palestras relacionadas às suas paixões. Isso pode expandir sua compreensão e apresentar novas perspectivas.

Conversas e entrevistas: Converse com especialistas, ativistas e pessoas que trabalham nas áreas de seu interesse. Essas conversas podem fornecer insights valiosos e orientação sobre como você pode fazer a diferença de maneira mais eficaz.

A descoberta de como você pode fazer a diferença é uma jornada contínua e transformadora. À medida que você se aprofunda em seu autoconhecimento, avalia suas habilidades, define seus valores, explora suas paixões e amplia seu conhecimento, você estará preparado para criar um impacto significativo no mundo. Este é o primeiro e crucial passo para deixar uma marca positiva e duradoura na sociedade e no planeta.

IDENTIFICANDO OPORTUNIDADES PARA CONTRIBUIR POSITIVAMENTE

Identificar oportunidades para contribuir positivamente é o passo crucial que transforma a compreensão do seu potencial de impacto em ações concretas e transformadoras. É a manifestação prática do seu desejo de fazer a diferença no mundo. Vamos explorar várias maneiras poderosas de contribuir de forma positiva e significativa:

Voluntariado

O voluntariado é uma maneira direta de se envolver com a comunidade e causar um impacto imediato. Ao oferecer seu tempo e habilidades para organizações locais ou globais alinhadas com suas paixões, você pode participar ativamente das mudanças que deseja ver no mundo. Seja ensinando crianças, trabalhando em projetos ambientais ou apoiando iniciativas de saúde, o voluntariado é uma oportunidade valiosa para fazer a diferença no nível pessoal e comunitário.

Mentoria

A mentoria é uma forma poderosa de contribuir para o futuro, especialmente para os mais jovens. Compartilhar sua sabedoria, conhecimento e experiência com outras pessoas pode moldar suas trajetórias de vida de maneira significativa. Ao oferecer orientação e conselhos, você pode inspirar e capacitar outros a alcançarem seus objetivos e a contribuírem positivamente para a sociedade.

Filantropia

Se você tem recursos financeiros disponíveis, a filantropia é uma maneira eficaz de fazer um impacto substancial. Doar para organizações sem fins lucrativos ou instituições de caridade que trabalham em questões que você valoriza é uma maneira direta de apoiar iniciativas vitais. Seu suporte financeiro pode ser a diferença entre o sucesso e a luta para muitas causas importantes.

Ativismo e defesa de causas

Se você é apaixonado por uma causa específica, o ativismo é uma forma de fazer a diferença através da ação direta. Participar de protestos pacíficos, assinar petições, fazer campanhas de conscientização e influenciar políticas públicas são maneiras de impactar positivamente a sociedade. Levantar a voz em prol do que acredita é fundamental para criar um mundo mais justo e equitativo.

Educação e conscientização

Compartilhar informações e educar os outros sobre questões importantes é uma forma valiosa de contribuir para a sociedade. Escrever artigos, criar conteúdo educacional, dar palestras e envolver-se em atividades de sensibilização podem aumentar a conscientização sobre problemas relevantes e inspirar a ação coletiva. O conhecimento é uma ferramenta poderosa para promover mudanças significativas.

Empreendedorismo social

Se você tem uma ideia inovadora para abordar um problema social, o empreendedorismo social é uma abordagem poderosa. Criar um negócio que busca tanto o lucro quanto o impacto social pode ser uma maneira eficaz de fazer a diferença de forma sustentável. Soluções inovadoras podem abordar desafios sociais de maneira única, criando impacto a longo prazo.

COMO O PROPÓSITO ESTÁ LIGADO AO IMPACTO SOCIAL E PESSOAL

O propósito é uma força intrínseca e profunda que impulsiona nossa trajetória na busca de fazer um impacto positivo no mundo, tanto a nível pessoal quanto social. A conexão íntima entre propósito e impacto é uma sinergia poderosa que amplifica nossa capacidade de contribuir para um mundo melhor. Vamos explorar de forma mais abrangente como o propósito está entrelaçado com o impacto, tanto no âmbito individual quanto no coletivo.

Motivação intrínseca

Quando vivemos alinhados com nosso propósito, experimentamos uma motivação que emana de nosso âmago. Essa motivação é intrínseca, originada de nossos valores, paixões e visão de vida. Estar em sintonia com nosso propósito nos torna resilientes, persistentes e determinados a superar obstáculos e desafios que surgem em nossa jornada de fazer a diferença. Essa força interior impulsiona-nos a continuar, mesmo quando as circunstâncias se tornam difíceis, permitindo que nosso impacto seja duradouro e transformador.

Clareza de direção

O propósito oferece uma bússola interna que guia nossa vida. Ele nos proporciona uma direção clara, ajudando-nos a definir metas e ações que estão alinhadas com o impacto que desejamos criar. Imagine o propósito como uma estrela-guia, iluminando o caminho à nossa frente. Isso nos permite tomar decisões mais assertivas e eficazes, direcionando nossos esforços para áreas onde nosso impacto pode ser mais significativo. A clareza de direção que o propósito proporciona é essencial para uma ação deliberada e focada que gera um impacto verdadeiramente transformador.

Satisfação e realização

Fazer a diferença de acordo com nosso propósito traz uma satisfação profunda e uma sensação de realização. Cada ação alinhada com nosso propósito contribui para nossa missão de vida, proporcionando uma sensação de que estamos cumprindo nossa verdadeira vocação. Essa realização vai além do sucesso superficial; é uma sensação de propósito cumprido, uma alegria intrínseca que surge ao contribuir para o bem-estar dos outros e da sociedade. É a sensação gratificante de saber que estamos deixando um legado significativo no mundo.

Influência ampliada

Quando nosso propósito está alinhado com o bem-estar dos outros e da sociedade, nosso impacto se expande exponencialmente. Cada ação que realizamos em nome de nosso propósito não beneficia apenas a nós mesmos, mas também aqueles ao nosso redor e, em última análise, a comunidade global. O propósito nos conecta a algo maior que nós mesmos, ampliando nossa influência positiva no mundo. Nossa dedicação ao bem comum transcende fronteiras, tocando vidas e inspirando mudanças em uma escala que vai além de nossa imaginação inicial.

Ao compreender profundamente a ligação entre o propósito e o impacto social e pessoal, percebemos que nosso propósito não é apenas sobre nós. É sobre como usamos nossos talentos, paixões e energia para contribuir para algo maior. É a busca incessante por uma vida que não seja apenas significativa para nós mesmos, mas também para os outros.

INSPIRANDO OUTROS A FAZER O MESMO

Uma das formas mais poderosas de fazer um impacto é inspirar e motivar outras pessoas a seguir o mesmo caminho. Nosso exemplo, nosso compromisso e nossas ações podem acender a chama da mudança em outros. Ao compartilhar nossas histórias e sucessos, podemos capacitar as pessoas ao nosso redor a se envolverem em ações positivas. Essa cascata de inspiração é o que cria um verdadeiro movimento de mudança e contribuição positiva.

Compartilhe sua jornada

Compartilhar nossas experiências, sucessos e desafios ao fazer a diferença é um meio poderoso de envolver a comunidade. Ao narrar nossa jornada, podemos demonstrar que qualquer pessoa pode fazer um impacto positivo, independentemente de sua trajetória inicial. Esse compartilhamento cria um ambiente inclusivo e encorajador, incentivando mais pessoas a se envolverem e acreditarem no poder da ação coletiva.

Construa uma comunidade

Uma comunidade unida, compartilhando um compromisso comum de fazer um impacto positivo, é uma força imparável. Juntos, podemos alcançar muito mais do que individualmente. Ao construir redes de pessoas alinhadas com um propósito semelhante, podemos multiplicar nossos esforços e criar um ecossistema de mudança. A colaboração e a cooperação são a espinha dorsal de qualquer grande transformação e de um impacto duradouro no mundo.

O desejo de fazer a diferença é intrínseco à humanidade. Todos nós buscamos deixar um legado, algo que sobreviva ao teste do tempo e que faça o mundo um lugar melhor. Encontrar maneiras de contribuir positivamente é um caminho para concretizar esse desejo.

Neste capítulo, exploramos como descobrir maneiras de fazer a diferença, identificar oportunidades para contribuir e como o propósito está entrelaçado com o impacto que buscamos criar. Lembre-se, cada ação, independentemente de quão pequena pareça, tem o poder de gerar ondulações de mudança. Este é o momento de se comprometer com um propósito maior e fazer sua parte para deixar um impacto positivo no mundo.

O caminho para fazer um impacto é rico e repleto de descobertas, mas também pode ser desafiador. No próximo capítulo, exploraremos estratégias e insights para enfrentar as barreiras que possam surgir em nossa vida. Vamos aprender a lidar com medos, dúvidas e contratempos que podem nos fazer hesitar. Juntos, vamos adotar a coragem como nossa aliada e a resiliência como nossa guia.

7

SUPERANDO OBSTÁCULOS E MEDOS

*Em face dos desafios, a verdadeira coragem
é persistir em sua caminhada. Cada obstáculo
é uma chance de crescer.*

Na caminhada em busca do propósito e da realização, é inevitável que nos deparemos com obstáculos e medos. Essas barreiras podem assumir várias formas, desde dúvidas persistentes até desafios práticos, e têm o potencial de nos impedir de avançar em direção aos nossos objetivos e ao impacto que desejamos criar no mundo. No entanto, é importante compreender que esses obstáculos e medos não são intransponíveis; eles são testes que nos desafiam a crescer, evoluir e nos tornar mais resilientes.

Neste capítulo, exploraremos estratégias para enfrentar e superar obstáculos e medos que possam surgir em nossa jornada em direção ao propósito e à realização. Ao compreendermos como lidar com esses desafios, estaremos mais preparados para manter nossa determinação, encontrar soluções criativas e continuar progredindo em direção a nossos objetivos.

COMPREENDENDO NOSSOS OBSTÁCULOS

A compreensão dos obstáculos é fundamental para enfrentá-los de maneira eficaz e superá-los em nossa experiência em busca do propósito e da realização. Explorar a fundo a compreensão dos obstáculos é essencial para aprender a enfrentá-los de maneira eficaz e superá-los. Vamos aprofundar a análise sobre como identificar e compreender esses desafios, categorizando-os em obstáculos internos e externos:

Obstáculos internos

Alguns obstáculos estão enraizados em nossas próprias crenças, medos e limitações autoimpostas. Podem ser inseguranças, falta de confiança ou autossabotagem. Reconhecer e enfrentar esses obstáculos internos é crucial para liberar nosso potencial.

Crenças limitantes: Essas são crenças profundamente arraigadas que nos impedem de alcançar nosso potencial máximo. Podem incluir a ideia de que não somos bons o suficiente ou que o sucesso está fora de nosso alcance.

Medo do fracasso: O medo de não ser bem-sucedido pode paralisar e impedir a tomada de iniciativas importantes. Esse medo muitas vezes está ligado à autoimagem e à autoestima.

Autossabotagem: Por vezes, podemos sabotar nossos próprios esforços de sucesso devido a padrões de comportamento autodestrutivos. Isso pode ser um reflexo de insegurança ou medo do desconhecido.

Falta de confiança: A falta de confiança em nossas habilidades pode ser um grande obstáculo. Pode ser resultado de experiências passadas negativas ou autocrítica excessiva.

Obstáculos externos

Esses obstáculos provêm do ambiente ao nosso redor, como restrições financeiras, falta de recursos, limitações físicas ou resistência de outras pessoas. Identificar esses desafios é o primeiro passo para superá-los de maneira estratégica.

Restrições financeiras: A falta de recursos financeiros pode ser um obstáculo significativo. Isso pode limitar nossas opções e a amplitude de nossas ações.

Falta de recursos: A falta de acesso a recursos adequados, como tecnologia, materiais ou informações, pode impedir o progresso em nossas metas.

Limitações físicas: Questões de saúde ou deficiências físicas podem apresentar obstáculos consideráveis, exigindo adaptação e estratégias específicas.

Resistência externa: A resistência ou falta de apoio de outras pessoas ou instituições pode representar um desafio. Às vezes, o ambiente social pode não estar alinhado com nossos objetivos, criando obstáculos.

RECONHECENDO NOSSOS MEDOS PROFUNDOS

Além dos obstáculos e das dúvidas comuns, às vezes, enfrentamos medos profundos e arraigados em nossa jornada em direção ao propósito. Esses medos podem ser mais desafiadores de superar, mas também podem ser os que nos proporcionam as maiores oportunidades de crescimento.

Medo do desconhecido

O medo do desconhecido é uma barreira poderosa que pode paralisar nossas ações em direção ao nosso propósito. Esse medo é derivado da incerteza sobre o que o futuro reserva e pode resultar na hesitação de dar os passos necessários para seguir nossos objetivos.

Medo de decepcionar os outros

O medo de decepcionar as pessoas próximas pode ser debilitante. O desejo de atender às expectativas dos outros pode impedir que sigamos nossos próprios caminhos e busquemos nosso propósito autêntico.

Medo do julgamento social

O receio do julgamento por parte da sociedade pode ser esmagador. O medo de ser mal interpretado ou criticado pode levar à conformidade em vez de seguir o caminho autêntico para o propósito.

Medo de abandonar a zona de conforto

A zona de conforto representa segurança e familiaridade, mas é onde o crescimento substancial raramente ocorre. O medo de sair dessa zona pode impedir a busca do propósito e a realização plena.

Resistência à mudança

A zona de conforto representa segurança e familiaridade, mas é onde o crescimento substancial raramente ocorre. O medo de sair dessa zona pode impedir a busca do propósito e a realização plena.

Compreender e enfrentar esses medos profundos é fundamental para progredir em nossa jornada em direção ao propósito. Ao reconhecer e aplicar estratégias eficazes para superar seus medos, podemos avançar com determinação, transformando esses medos em impulsores de crescimento e autodescoberta.

LIDANDO COM OS MEDOS QUE PODEM IMPEDIR A DESCOBERTA DO PROPÓSITO

Lidar com os medos que podem obstruir a descoberta do propósito é uma parte crucial da trilha rumo à realização pessoal. Esses medos podem se apresentar de várias formas e variar de pessoa para pessoa, mas é fundamental abordá-los de maneira consciente e estratégica para liberar nosso potencial e perseguir nossos objetivos. Vamos explorar mais sobre como enfrentar esses medos:

Identificação e reconhecimento dos medos

Antes de enfrentar qualquer medo, é essencial identificá-los e reconhecê-los plenamente. Muitas vezes, os medos estão enraizados no subconsciente e, ao trazê-los à luz da consciência, damos o primeiro passo para superá-los.

Autorreflexão profunda: Dedique tempo para contemplar suas ansiedades e medos. Analise as situações que os desencadeiam e como eles impactam suas decisões.

Manter um diário: Anote seus medos diariamente. Isso ajuda a torná-los mais tangíveis e facilita o processo de compreensão.

Aceitação do medo

Aceitar que você tem medos é um passo fundamental para superá-los. A negação ou a repressão dos medos só pode aprofundá-los. Aceitar é o primeiro passo para superar.

Prática da aceitação: Reconheça que sentir medo é uma resposta natural, e não há problema em experimentá-lo.

Mindfulness e meditação: Práticas como mindfulness ajudam a aceitar emoções e pensamentos, incluindo o medo, sem julgamento.

Desafiar crenças limitantes

Muitas vezes, os medos são baseados em crenças limitantes que nos foram incutidas ao longo da vida. Desafiar essas crenças é essencial para superar os medos associados a elas.

Questionamento sistemático: Questione a validade e a origem de suas crenças limitantes. Pergunte-se se essas crenças são realmente verdadeiras ou se foram moldadas por experiências passadas.

Construção de novas crenças empoderadoras: Substitua crenças limitantes por aquelas que o capacitem e o impulsionem em direção ao seu propósito.

Exposição gradual

Para superar os medos, é importante enfrentá-los de forma gradual e progressiva. Evitar os medos só reforça sua presença.

Hierarquia de exposição: Crie uma hierarquia de situações relacionadas ao seu medo, começando pelas menos temidas e avançando para as mais desafiadoras.

Celebre as conquistas: A cada etapa enfrentada com sucesso, celebre seu progresso para reforçar a ideia de que você pode superar seus medos.

Mudança de perspectiva

Reflita sobre os medos de maneira criativa. Muitas vezes, um desafio pode ser uma oportunidade disfarçada. Ao mudar nossa perspectiva, podemos encontrar soluções inovadoras.

Praticar o desapego: Aprender a se desapegar do resultado desejado e focar no processo pode reduzir a pressão e a ansiedade associadas aos desafios.

Reenquadrar desafios como oportunidades: Ver os desafios como oportunidades de aprendizado pode mudar nossa perspectiva, nos ajudando a crescer e encontrar soluções.

Buscar apoio e orientação

Em muitos casos, é útil buscar orientação profissional ou apoio de pessoas de confiança. Um terapeuta, mentor ou amigo confiável pode fornecer insights valiosos e encorajamento.

Terapia: Considerar terapia para trabalhar com medos profundos e adquirir ferramentas específicas para superá-los.

Compartilhamento com confiança: Compartilhar seus medos com alguém de confiança pode aliviar o peso emocional e fornecer perspectivas externas.

Lidar com medos que podem impedir a descoberta do propósito é um aspecto fundamental do desenvolvimento pessoal. Entender, aceitar e enfrentar nossos medos de maneira consciente e estratégica nos capacita a avançar em direção ao nosso propósito com confiança e determinação. Ao enfrentar medos, desafiamos nossos próprios limites, crescemos e nos tornamos mais resilientes.

A IMPORTÂNCIA DA RESILIÊNCIA NO CAMINHO PARA O PROPÓSITO

A resiliência é uma qualidade que sustenta e impulsiona você em sua busca pelo propósito. Sem ela, os desafios podem desencorajá-lo e afastá-lo do seu caminho. Aqui está como a resiliência é crucial para a jornada em direção ao propósito:

Mantém você no caminho

A resiliência é como um alicerce sólido que sustenta sua busca pelo propósito. Quando surgem obstáculos, é fácil se desviar do caminho. No entanto, a resiliência mantém você firme e centrado em seus objetivos. Em vez de desanimar com os desafios, você vê neles uma oportunidade para crescer e se fortalecer.

Aprende-se com os fracassos

A vida está repleta de desafios e, muitas vezes, de fracassos. A resiliência permite que você veja os fracassos como lições valiosas. Cada obstáculo superado, cada revés enfrentado é uma oportunidade para aprender, crescer e aprimorar suas estratégias. Em vez de ser derrotado, você se levanta mais forte.

Fomenta a persistência

O caminho para o propósito não é uma linha reta e fácil. Haverá momentos difíceis e desafiadores. A resiliência é o que mantém sua persistência, mesmo quando as coisas parecem impossíveis. Você acredita que com esforço contínuo, mesmo nos momentos mais difíceis, você pode superar qualquer obstáculo que se coloque em seu caminho.

Promove a autoconfiança

A resiliência tem um efeito positivo na sua autoconfiança. À medida que você supera adversidades e enfrenta desafios de frente, sua confiança em suas habilidades aumenta. Você começa a acreditar que pode enfrentar qualquer situação, por mais desafiadora que seja. A autoconfiança é essencial para persistir em direção ao seu propósito, mesmo quando as coisas ficam difíceis.

Desenvolve a capacidade de adaptação

A resiliência não é apenas sobre superar, mas também sobre se adaptar. Às vezes, as coisas não acontecem conforme o planejado, e é aí que a resiliência brilha. Ela ajuda você a se adaptar, a encontrar novas estratégias, a redefinir metas e a continuar sua jornada mesmo diante de mudanças inesperadas.

Fortalece as relações interpessoais

A resiliência não é uma caminhada solitária. Ela fortalece suas relações com outras pessoas. Ao superar desafios e aprender com eles, você também pode compartilhar essas experiências com outros, inspirando e apoiando uns aos outros em suas respectivas histórias em busca de propósito.

Nesta viagem rumo ao propósito, você mergulhou nas águas profundas da resiliência, enfrentando tempestades e desbravando mares desconhecidos. Os obstáculos e medos que atravessaram seu caminho não foram páreos para a sua determinação e força interior. A resiliência se mostrou sua aliada, e você emergiu mais forte, mais sábio e mais preparado para o que está por vir.

Cada desafio superado foi um degrau em sua ascensão, moldando sua compreensão e iluminando a trilha escura. Os fracassos não foram derrotas, mas lições preciosas que a vida lhe ofereceu generosamente. Acredite, você está pronto para a próxima etapa, para o próximo capítulo de sua vida.

Como estrelas que se alinham no firmamento, os relacionamentos e as conexões humanas desempenham um papel fundamental em nossa busca por propósito e significado. Eles são os fios invisíveis que tecem a tapeçaria da nossa existência. No próximo capítulo, vamos explorar como essas conexões podem iluminar nosso caminho, como elas moldam nossas vidas e como podemos, por meio delas, alcançar um propósito mais profundo.

Prepare-se para descobrir o poder dos laços humanos, para compreender como nossas interações diárias têm o potencial de transformar o mundo e enriquecer nossa própria trajetória. Embarque comigo nessa busca por conexões autênticas e relacionamentos que nutrem a alma.

O próximo capítulo promete uma experiência enriquecedora de entendimento e crescimento. Esse é o momento de continuar sua viagem, explorando os horizontes de relacionamentos significativos. Avante!

8

CONEXÕES E RELACIONAMENTOS SIGNIFICATIVOS

Nossa vida ganha cores vivas quando compartilhada com outros. Nessas conexões encontramos propósito e amor.

No grande espetáculo da vida, os relacionamentos e as conexões humanas são as estrelas que iluminam o palco. Nossa existência é entrelaçada com fios invisíveis que nos conectam a outras pessoas, cada uma trazendo uma história única, perspectivas diversas e um potencial ilimitado para impactar nossas vidas de maneiras profundas.

Este capítulo é uma exploração profunda sobre a magia dos relacionamentos, sobre como eles moldam nossa busca pelo propósito e dão cor e textura à nossa vida. São os relacionamentos que nos desafiam, nos inspiram e nos apoiam, e é através deles que encontramos significado mais profundo em nossa caminhada.

Vamos adentrar esse mundo de conexões e relações, onde cada encontro pode ser uma virada de página na história de nossas vidas, onde cada amizade pode ser um capítulo de crescimento e descoberta. Estamos prestes a desvendar como essas conexões podem nos elevar, como podem nos ensinar sobre nós mesmos e sobre o propósito que buscamos.

Aqui, descobriremos que nossa caminhada não é solitária, mas sim uma dança coletiva, onde os outros são nossos parceiros de dança. Vamos aprender a liderar, a seguir, a se adaptar aos diferentes ritmos e melodias que cada relação traz consigo. Pois, no fim das contas, são essas relações que dão vida à nossa narrativa, que preenchem nossa existência com emoção e significado.

COMO OS RELACIONAMENTOS PODEM INFLUENCIAR SEU PROPÓSITO

Os relacionamentos são como uma dança, uma coreografia complexa de interações, emoções e trocas. Cada pessoa com quem nos conectamos traz um ritmo distinto, uma energia singular para essa dança. Essas conexões moldam quem somos e como vemos o mundo. Elas nos desafiam, nos apoiam e nos ajudam a crescer.

Nossas conexões não são apenas meros encontros casuais, são catalisadores poderosos que influenciam nossa jornada em direção ao propósito. Os relacionamentos afetam nossa mentalidade, nossas escolhas e nossa percepção do mundo. Eles podem nos impulsionar para frente ou nos segurar no lugar, dependendo da qualidade e da natureza dessas interações.

Aqueles que estão ao nosso redor podem inspirar, encorajar e acreditar em nós quando duvidamos de nossas capacidades. Eles podem ser guias sábios, fornecendo conselhos e compartilhando suas próprias experiências.

Os relacionamentos podem ser uma fonte de motivação, nos lembrando de nosso propósito quando as coisas ficam difíceis.

Conexões que nutrem a alma

Nem todos os relacionamentos têm o mesmo impacto. Alguns são superficiais, enquanto outros são profundos e transformadores. As conexões que nutrem nossa alma são aquelas que nos desafiam a crescer, nos apoiam em nossas metas e nos amparam nos momentos difíceis.

Autenticidade e vulnerabilidade: Relacionamentos significativos são construídos com base na autenticidade e na vulnerabilidade. É quando nos permitimos ser verdadeiramente quem somos, com todas as nossas imperfeições, que os laços mais profundos são formados. Ao sermos autênticos, criamos espaço para relacionamentos genuínos e significativos.

Empatia e compreensão: A empatia é a cola que une os relacionamentos. É a capacidade de se colocar no lugar do outro, de compreender e sentir suas emoções. Ao cultivar a empatia, criamos conexões mais fortes e compreensivas, que enriquecem nossa jornada em direção ao propósito.

Relacionamentos tóxicos

Assim como os relacionamentos podem nos elevar, também podem nos puxar para baixo. Relacionamentos tóxicos são como âncoras que impedem nosso progresso em direção ao propósito. Identificar e se afastar dessas relações é crucial para nossa saúde mental, bem-estar e realização.

Reconhecendo sinais de toxicidade: Relacionamentos tóxicos podem se manifestar de várias maneiras, incluindo manipulação emocional, desrespeito, falta de apoio e constante negatividade. Reconhecer esses sinais é o primeiro passo para nos protegermos.

Estabelecendo limites saudáveis: Uma parte essencial de manter relacionamentos saudáveis é estabelecer limites claros. Isso significa comunicar nossas necessidades e expectativas de maneira assertiva e aprender a dizer não quando algo não está em alinhamento com nosso bem-estar.

Os relacionamentos são o tecido invisível da vida, ligando-nos uns aos outros, conectando nossos destinos e deixando uma marca indelével em nossa história. Nossa busca pelo propósito é enriquecida e guiada por essas conexões. À medida que nos movemos através da vida, lembremos que a riqueza de nossa existência reside na qualidade dos relacionamentos que construímos e na positividade que espalhamos pelo mundo.

CULTIVANDO CONEXÕES QUE APOIAM SUA JORNADA DE DESCOBERTA DE PROPÓSITO

Cultivar conexões que sustentem sua busca por propósito é um elemento crucial na jornada de autodescoberta e realização pessoal. Neste capítulo, exploraremos estratégias e insights para construir e manter relacionamentos significativos que impulsionem seu progresso em direção a um propósito mais profundo. Essas conexões podem ser com amigos, família, mentores, colegas ou até mesmo comunidades específicas. São maneiras de cultivar conexões que apoiem sua jornada de descoberta de propósito:

Compartilhar sua jornada com pessoas confiáveis

Abrir-se sobre sua busca por propósito com pessoas confiáveis pode ser terapeuticamente eficaz e altamente motivador. Compartilhar suas lutas, sucessos e objetivos pode fornecer perspectivas valiosas, conselhos e encorajamento necessário.

Procurar mentoria

Busque mentores ou guias que possam compartilhar suas próprias experiências e insights sobre a busca por propósito. Eles podem fornecer orientação valiosa, desafiar suas suposições e ajudar a moldar suas metas de vida de maneira mais significativa.

Participar de grupos de apoio

Integrar-se em grupos que compartilham interesses e objetivos semelhantes pode ser extremamente benéfico. Essas comunidades fornecem um espaço seguro para compartilhar experiências, oferecer suporte mútuo e colaborar para atingir metas comuns.

Fomentar relações autênticas

Cultive relacionamentos baseados na autenticidade, onde você pode ser verdadeiramente você mesmo. Essas conexões oferecem apoio incondicional e um ambiente onde você pode explorar suas ideias e emoções sem julgamentos.

Praticar a empatia e a compreensão

Para manter conexões significativas, é fundamental praticar a empatia e a compreensão. Entenda as perspectivas e necessidades dos outros, demonstre interesse genuíno em suas vidas e ofereça apoio quando necessário.

Contribuir para o crescimento dos outros

Ajudar os outros em sua própria jornada de propósito pode criar laços mais fortes e gratificantes. Ofereça orientação, compartilhe suas experiências e apoie o crescimento e o sucesso dos outros.

Investir tempo e energia nas relações

Assim como qualquer empreendimento valioso, as conexões significativas exigem tempo e esforço. Dedique tempo regular para cultivar relacionamentos importantes em sua vida, mantendo o contato e demonstrando interesse genuíno.

Manter comunicações abertas e honestas

A base de qualquer conexão significativa é uma comunicação aberta e honesta. Compartilhe suas preocupações, alegrias, desafios e vitórias de maneira transparente, criando um ambiente de confiança e compreensão mútua.

Cultivar conexões positivas e apoiadoras é um passo essencial na jornada de descoberta de propósito. Essas conexões podem fornecer o apoio emocional, a orientação e a inspiração necessários para superar desafios, continuar avançando em direção aos seus objetivos e alcançar um propósito mais significativo na vida.

A importância de ter mentores e guias no processo

A importância de ter mentores e guias no processo de busca por propósito é inestimável. Esses indivíduos desempenham um papel fundamental ao oferecer orientação, sabedoria, experiência e encorajamento durante o processo de autodescoberta e realização pessoal. São formas detalhadas de como mentores e guias são cruciais nesse processo:

Experiência e sabedoria

Mentores e guias frequentemente possuem uma riqueza de experiências e sabedoria adquiridas ao longo de suas próprias jornadas. Eles compartilham histórias e lições valiosas que podem ajudar a evitar erros comuns e a navegar pelas complexidades do caminho em direção ao propósito.

Orientação personalizada

Cada experiência de descoberta de propósito é única, e os mentores oferecem orientação personalizada. Eles entendem suas necessidades individuais, pontos fortes, fraquezas e metas, adaptando seus conselhos para ajudá-lo a alcançar seus objetivos específicos.

Perspectiva e visão

Mentores proporcionam uma visão externa e objetiva sobre sua vida e suas aspirações. Eles podem ajudar a identificar padrões, talentos subestimados e oportunidades que você pode não ter considerado, proporcionando uma visão mais ampla do seu potencial.

Construção de confiança

Mentores e guias incentivam e ajudam a construir sua confiança. Eles reconhecem e valorizam suas conquistas, mesmo que pequenas, e oferecem feedback construtivo que impulsiona seu crescimento e autoestima.

Rede de contatos e oportunidades

Muitas vezes, os mentores têm uma ampla rede de contatos e podem ajudá-lo a fazer conexões valiosas. Isso pode levar a oportunidades de aprendizado, colaborações profissionais e até mesmo ofertas de emprego alinhadas com seus objetivos.

Estímulo e motivação

Em momentos de dúvida ou desânimo, os mentores oferecem incentivo e motivação. Eles acreditam em você, mesmo quando você está lutando para acreditar em si mesmo, e lembram-lhe do seu potencial e propósito.

Preenchimento de lacunas de conhecimento

Os mentores geralmente possuem habilidades e conhecimentos que podem preencher suas próprias lacunas. Eles podem oferecer treinamento, orientação prática e conselhos especializados que são cruciais para o seu desenvolvimento.

Foco e responsabilidade

Ter um mentor traz um senso de responsabilidade para cumprir suas metas e objetivos. Saber que você tem alguém acompanhando seu progresso e torcendo por você incentiva a manter o foco e a disciplina.

Em suma, a presença de mentores e guias é essencial para o processo de descoberta de propósito, fornecendo uma bússola confiável e um apoio valioso para alcançar seus objetivos e desenvolver uma vida mais significativa e realizada. Suas orientações são como faróis que iluminam o caminho, oferecendo clareza e direção ao passo que você busca seu propósito.

À medida que concluímos este capítulo, é essencial reconhecer a riqueza dos relacionamentos e conexões que permeiam nossas vidas. Eles não são meros acessórios, mas a cola que une nossa jornada e dá cor ao nosso propósito.

Agora, com o conhecimento sobre como as conexões e relacionamentos podem moldar e fortalecer nossa busca pelo propósito, você está mais bem preparado do que nunca para explorar o próximo capítulo. Nele, mergulharemos ainda mais fundo nessa caminhada fascinante e desafiadora de descobrir e protagonizar seu propósito de vida.

Convido-o a continuar avançando com curiosidade e coragem. Conforme seguimos adiante, lembramos que nossos relacionamentos não são apenas o tecido da nossa existência, mas também os alicerces sobre os quais podemos construir uma vida de significado e propósito.

9

VIVER DE ACORDO COM SEU PROPÓSITO

*Cada dia vivido é uma página de uma história épica
que você está escrevendo. Faça-a lendária.*

Imagine acordar todas as manhãs com uma sensação de entusiasmo e propósito, sabendo que cada ação que você realiza está alinhada com seus valores mais profundos e sua visão de vida. Essa é a promessa de viver de acordo com seu propósito. Não se trata apenas de ter uma visão ou definir metas; trata-se de incorporar essa visão em cada aspecto de sua existência.

Nossa caminhada rumo ao propósito atinge um ponto crucial neste capítulo. Nos capítulos anteriores, descobrimos nossas paixões, definimos nossos objetivos, superamos desafios e nutrimos relacionamentos significativos. Agora, é hora de dar o passo final e fundamental: viver de acordo com nosso propósito. Esta é uma etapa que transforma teorias e aspirações em uma realidade concreta.

Viver de acordo com seu propósito é um convite para uma vida mais significativa, gratificante e autêntica. É um caminho contínuo que exige reflexão constante, autoconsciência e ação deliberada. Ao longo deste capítulo, exploraremos o porquê e o como dessa busca, oferecendo percepções práticas para integrar sua visão em cada dia da sua vida.

A IMPORTÂNCIA DE VIVER COM PROPÓSITO

A vida com propósito é mais rica, mais significativa e mais gratificante. Quando vivemos de acordo com nosso propósito, cada dia tem um significado mais profundo. Cada ação que tomamos, grande ou pequena, está alinhada com nossa visão e contribui para o bem maior.

Direcionamento e clareza

Ter um propósito oferece uma bússola para guiar suas ações e decisões. Isso cria clareza sobre o que é mais significativo para você, permitindo que você direcione sua energia para o que realmente importa.

Satisfação e realização pessoal

Viver com propósito traz uma profunda sensação de satisfação. Saber que você está fazendo o que está destinado a fazer no mundo traz uma sensação de cumprimento que é difícil de superar.

Resiliência

Estar alinhado com seu propósito torna você mais resiliente diante das adversidades. As dificuldades são vistas como desafios que podem ser superados, em vez de obstáculos insuperáveis.

Impacto duradouro

Viver com propósito permite que você faça um impacto duradouro no mundo. Suas ações têm um significado que transcende sua própria existência, deixando um legado que perdura.

Conexão com os outros

Ter um propósito muitas vezes significa contribuir para algo maior que você, o que cria uma conexão mais profunda com outras pessoas. Isso leva a relacionamentos mais significativos e colaborações enriquecedoras.

Definição de sucesso pessoal

Viver de acordo com seu propósito ajuda a redefinir o que o sucesso significa para você. Não se trata apenas de conquistas materiais, mas de se sentir realizado ao fazer a diferença de maneira significativa.

Longevidade e saúde mental

Estudos mostram que pessoas que vivem com propósito têm uma melhor saúde mental e até mesmo uma vida mais longa. Ter um propósito na vida está ligado a níveis mais baixos de estresse e depressão.

Em resumo, viver com propósito é mais do que uma escolha; é uma maneira de viver que transforma sua existência em uma jornada com significado, paixão e impacto. É a chave para uma vida autêntica e gratificante.

INTEGRAÇÃO DO PROPÓSITO EM SUA ROTINA DIÁRIA

Para viver de acordo com seu propósito, é fundamental integrá-lo na vida diária. Isso requer uma avaliação consciente de suas ações e escolhas para garantir que estejam alinhadas com sua visão de vida. São modos de incorporar seu propósito em seu cotidiano:

Crie metas que reflitam seu propósito

Metas profissionais: Se o seu propósito envolve fazer uma diferença significativa em sua carreira, estabeleça metas que estejam em harmonia com isso. Pode ser avançar em sua profissão, iniciar um negócio alinhado com sua missão ou contribuir para causas específicas através do seu trabalho.

Metas pessoais: Da mesma forma, suas metas pessoais devem refletir seu propósito. Isso pode incluir metas de saúde, metas de desenvolvimento pessoal, metas de contribuição para a comunidade, entre outras.

Integre o propósito no seu estilo de vida

Rotina diária: Crie uma rotina diária que incorpore atividades relacionadas ao seu propósito. Isso pode incluir tempo dedicado a projetos significativos, voluntariado ou práticas que o ajudem a se conectar com sua visão de vida.

Tomada de decisão: Ao tomar decisões, especialmente as mais importantes, pergunte-se se elas estão alinhadas com seu propósito. Isso ajuda a manter a direção certa em sua vida.

Pratique a gratidão

Tire um tempo diariamente para refletir sobre as coisas pelas quais você é grato em relação ao seu propósito.

Agradecer pelo progresso feito e pelas oportunidades que o levam em direção ao seu propósito fortalece sua conexão com ele.

Busque aprendizado e crescimento constantes

Nunca pare de aprender e crescer. Busque conhecimento, participe de cursos, leia livros relacionados ao seu propósito e continue aprimorando suas habilidades para se tornar mais eficaz em seguir sua missão.

Ajuste sempre que necessário

Esteja aberto a ajustar sua rotina conforme evolui em sua compreensão do propósito. À medida que você cresce e muda, seu propósito pode se desenvolver, e é importante adaptar suas práticas diárias de acordo.

A integração do propósito em sua rotina diária é um processo contínuo e dinâmico. Requer compromisso, autoconsciência e flexibilidade para garantir que suas ações e escolhas diárias estejam alinhadas com o que é mais significativo para você.

TOMANDO DECISÕES ALINHADAS COM SEU PROPÓSITO

Tomar decisões alinhadas com seu propósito é um aspecto essencial de viver uma vida autêntica e significativa. Quando suas escolhas estão em harmonia com aquilo que é mais importante para você, você experimenta um senso de integridade e direção. São estratégias para auxiliar nesse processo de tomada de decisões alinhadas com seu propósito:

Clarifique seu propósito regularmente

Antes de tomar qualquer decisão significativa, reafirme e esclareça seu propósito. Certifique-se de que você tem uma compreensão clara do que é realmente importante para você nesta fase da sua vida.

Estabeleça seus valores fundamentais

Identifique os valores que estão no cerne do seu propósito. Eles são as crenças e princípios que guiam suas ações. Ao tomar decisões, assegure-se de que elas estejam em linha com esses valores.

Considere o impacto em seu propósito

Antes de decidir, reflita sobre como cada opção pode afetar sua busca pelo propósito. Pergunte-se se a escolha o aproxima ou o afasta dos objetivos relacionados ao seu propósito.

Avalie suas metas e objetivos

Antes de tomar uma decisão, analise suas metas de curto e longo prazo. Certifique-se de que a escolha contribua para alcançar essas metas e esteja em consonância com seu propósito.

Pese os prós e contras

Faça uma análise detalhada dos benefícios e desafios de cada opção. Isso pode ajudá-lo a visualizar as implicações de cada escolha em relação ao seu propósito.

Ouça sua intuição e sabedoria interior

Permita que sua intuição desempenhe um papel em suas decisões. Às vezes, nossa intuição nos guia na direção certa, especialmente quando está alinhada com nosso propósito.

Busque conselhos de confiança

Consulte mentores, amigos ou conselheiros de confiança ao enfrentar decisões importantes. Eles podem oferecer perspectivas valiosas e ajudá-lo a avaliar suas opções à luz do seu propósito.

Pratique a *mindfulness* na tomada de decisões

Ao tomar decisões, esteja plenamente presente no momento. Esteja consciente de suas intenções e das possíveis implicações de suas escolhas em relação ao seu propósito.

Aprenda com decisões anteriores

Reflita sobre suas decisões passadas e como elas se alinhavam com seu propósito. Use essas experiências para informar e melhorar suas escolhas futuras.

Assuma a responsabilidade por suas decisões

Reconheça que, ao tomar decisões, você é responsável por seus resultados. Assuma essa responsabilidade de maneira consciente e integre-a ao seu processo de tomada de decisões.

Tomar decisões alinhadas com seu propósito requer consciência, reflexão e uma conexão sólida com o que é verdadeiramente significativo para você. É um processo contínuo de sintonia fina que se aprimora com a prática e aprofundamento do entendimento do seu propósito na vida.

CRIANDO UM AMBIENTE QUE SUPORTE SEU PROPÓSITO DE VIDA

A relação entre o ambiente em que vivemos e nosso propósito de vida é fundamental. O ambiente, composto por nossa casa, local de trabalho, comunidade e círculo social, desempenha um papel significativo em nossa jornada para viver de acordo com nosso propósito. Estratégias para criar um ambiente que fomente e suporte seu propósito de vida:

Avalie seu ambiente atual

Faça uma avaliação honesta do seu ambiente atual, incluindo sua casa, local de trabalho e círculo social. Identifique elementos que estão alinhados com seu propósito e aqueles que podem estar desviando você dele.

Alinhe sua casa com seu propósito

Organize e decore sua casa de maneira que reflita seus valores e objetivos de vida. Isso pode incluir símbolos, cores e itens que inspirem e lembrem seu propósito.

Crie espaços inspiradores

Dedique um espaço em sua casa para contemplação, meditação ou reflexão. Isso pode ser um local onde você se reconecta com seu propósito e encontra inspiração.

Cultive relacionamentos positivos

Mantenha relacionamentos com pessoas que apoiam e compartilham seus valores e visão de vida. Essas conexões positivas fortalecem seu compromisso com o propósito.

Participe de comunidades afins

Envolva-se em grupos, organizações ou comunidades que estejam alinhados com seus interesses e propósito. Esses ambientes podem oferecer apoio e novas oportunidades de crescimento.

Estabeleça limites saudáveis

Aprenda a dizer não quando algo não estiver em consonância com seu propósito. Estabeleça limites que protejam seu tempo e energia para o que realmente importa.

Integre seu propósito no trabalho

Se possível, escolha uma carreira ou profissão que esteja alinhada com seu propósito. Caso isso não seja viável, encontre maneiras de incorporar elementos do seu propósito em suas tarefas diárias.

Evite influências negativas

Reduza ou elimine a exposição a influências negativas, como mídia tóxica ou relacionamentos prejudiciais. Esses elementos podem minar seu propósito e enfraquecer sua determinação.

Pratique a gratidão e o *mindfulness*

Cultive uma prática de gratidão e *mindfulness* para manter uma perspectiva positiva e focada no propósito. Reconheça diariamente as bênçãos e oportunidades alinhadas com seu caminho.

Ajuste seu ambiente regularmente

Esteja disposto a ajustar e adaptar seu ambiente conforme evolui em sua caminhada de propósito. À medida que seus objetivos e visão de vida mudam, seu ambiente deve refletir essas mudanças.

Incorpore a natureza em seu ambiente

Integre elementos da natureza em seu ambiente, como plantas, luz natural e cores inspiradas pela natureza. Isso pode trazer uma sensação de equilíbrio e conexão com seu propósito.

Criar um ambiente que apoie seu propósito de vida é uma escolha consciente que pode impulsionar sua jornada e sustentar seu compromisso com aquilo que é mais significativo para você. A harmonia entre seu propósito e o ambiente em que vive pode potencializar sua busca pela realização e satisfação verdadeira.

A IMPORTÂNCIA DE REAVALIAÇÃO CONSTANTE

Assim como a vida está em constante mudança, seu propósito também pode evoluir ao longo do tempo. É essencial realizar revisões regulares para garantir que seu propósito ainda ressoe com quem você é e com o mundo em que está inserido.

Autoavaliação periódica

Faça tempo para se autoavaliar e refletir sobre seu propósito. Pergunte-se se ele ainda é relevante, se suas metas estão alinhadas com ele e se suas ações estão contribuindo para sua realização.

Ajuste e adaptação

Esteja aberto a ajustar e adaptar seu propósito conforme você cresce, ganha experiência e ganha novas perspectivas. O propósito não é fixo, e é importante permitir que ele se desenvolva com você.

Viver de acordo com seu propósito é mais do que uma escolha de vida; é um compromisso que transcende a rotina diária. É um chamado para trazer ao mundo a sua melhor versão, guiada por paixão, valores e uma visão que é somente sua. Ao integrar seu propósito em sua rotina, alinhar suas decisões e criar um ambiente que o apoie, você está pavimentando um caminho iluminado por autenticidade e significado.

Este capítulo nos mostrou que viver com propósito não é uma busca abstrata, mas uma jornada prática que requer autoconsciência e ação deliberada. Ainda há mais para explorar nesta fascinante odisseia em busca do propósito de vida. No próximo capítulo, mergulharemos fundo na ideia de que os desafios e adversidades não são obstáculos a serem evitados, mas oportunidades de aprendizado que podem nos levar a um entendimento mais profundo de nós mesmos e de nosso propósito.

A adversidade nos ensina lições valiosas e nos fornece os materiais necessários para forjar nossa resiliência e determinação. É através das lutas que muitas vezes encontramos as pérolas de sabedoria que nos impulsionam em direção a um propósito ainda mais autêntico. Então, não deixe de acompanhar a próxima etapa desta experiência enriquecedora. Estamos prestes a descobrir como transformar as pedras em degraus e os desafios em catalisadores para nossa evolução.

10

APRENDENDO COM A ADVERSIDADE

*Na escola das dificuldades, aprendemos lições
preciosas. Cada desafio é um professor,
e cada superação, um diploma.*

A vida é uma constante montanha-russa, com seus altos e baixos, suas reviravoltas inesperadas. Nessa viagem imprevisível, somos, invariavelmente, confrontados com situações desafiadoras, momentos de dor e contratempos que, muitas vezes, nos deixam cambaleando. No entanto, esses momentos de adversidade não são simplesmente obstáculos a serem superados; são mestres disfarçados, repletos de lições valiosas que podem aprimorar nossa compreensão de nós mesmos e do mundo que nos cerca.

Neste capítulo, vamos aprender não apenas como sobreviver às tempestades, mas como dançar sob a chuva da adversidade, extrair sabedoria das lutas e transformar as dificuldades em uma fonte perene de crescimento pessoal e direcionamento em nossa busca por propósito e significado.

Ao longo dessas páginas, examinaremos como a adversidade pode moldar nossa perspectiva, testar nossa resiliência e nos oferecer insights profundos sobre nossa experiência única. Veremos como, ao abraçar as tempestades e aprender com elas, podemos nos tornar não apenas sobreviventes, mas verdadeiros estudantes da vida.

Aprenderemos a ver a adversidade não como uma maldição, mas como uma benção disfarçada, um professor que nos desafia a sermos a melhor versão de nós mesmos.

A NATUREZA TRANSFORMADORA DA ADVERSIDADE

A adversidade é uma força da natureza que pode moldar nosso caráter e nossa trajetória. É fácil celebrar os momentos de glória, mas são as batalhas que nos mostram nossa verdadeira força. Ao enfrentar desafios, somos compelidos a olhar para dentro e questionar nossas convicções, valores e metas. É nesse processo que crescemos e nos transformamos.

Autoconhecimento profundo

A adversidade é um espelho cruel e honesto que nos força a confrontar nossos medos e inseguranças mais profundos. Nos momentos mais difíceis, quando estamos sob pressão e enfrentando desafios aparentemente insuperáveis, somos obrigados a buscar respostas dentro de nós mesmos. Essa busca por autoconhecimento profundo nos leva a um processo de reflexão e autorreflexão que pode ser transformador.

Questionamento da identidade: A adversidade muitas vezes nos faz questionar nossa identidade e quem realmente somos. À medida que enfrentamos desafios, somos levados a examinar nossos valores, crenças e princípios fundamentais. Perguntas como "Quem sou eu?" e "O que realmente importa para mim?" surgem naturalmente à

medida que buscamos respostas para lidar com as dificuldades.

Clareza sobre desejos e metas: Em momentos de adversidade, somos compelidos a refletir sobre nossos objetivos e desejos. A pressão dos desafios nos obriga a priorizar o que é mais importante para nós. O que estamos
dispostos a sacrificar em nome de nossos objetivos? Essa
autorreflexão pode nos fornecer uma clareza valiosa sobre
nossos próprios desejos e metas na vida.

Enfrentando medos e inseguranças: A adversidade nos
confronta de frente com nossos medos e inseguranças.
Pode ser o medo do fracasso, o medo do desconhecido ou
o medo da rejeição. Enfrentar esses medos é um passo essencial no caminho do autoconhecimento profundo. À
medida que encaramos e superamos nossos medos, nos
tornamos mais autênticos em nossa trilha em busca do
propósito.

Autoavaliação contínua: A autoavaliação se torna uma
parte fundamental de nossa jornada durante a adversidade. Estamos constantemente nos questionando e ava-
liando nossas ações, escolhas e comportamentos à luz de
nossos valores e objetivos. Isso nos permite ajustar nossa
trajetória e tomar decisões mais alinhadas com nosso
propósito à medida que aprendemos mais sobre nós mesmos.

Aceitação e autocompaixão: Enfrentar adversidades
também nos ensina a praticar a autocompaixão. À medida
que nos deparamos com nossas próprias falhas e

imperfeições, aprendemos a nos aceitar e a nos tratar com gentileza. Isso é fundamental para construir um relacionamento saudável e compassivo consigo mesmo, o que, por sua vez, fortalece nossa busca pelo propósito.

O autoconhecimento profundo é uma trajetória contínua que se desdobra ao longo da vida. A adversidade é uma professora severa, mas é através dela que podemos atingir um nível mais profundo de compreensão de nós mesmos e de nosso propósito. Enfrentar nossos medos e inseguranças nos capacita a crescer e evoluir em direção a uma vida mais autêntica e alinhada com o que realmente importa para nós. É nessa busca por autoconhecimento que encontramos a força para superar a adversidade e prosperar.

Resiliência e determinação

Na teia da vida, a adversidade é um fio comum. Todos nós, em algum momento, nos encontramos diante de situações difíceis, desafios aparentemente insuperáveis e fracassos que nos fazem questionar nosso próprio poder. No entanto, é precisamente nessas situações que a resiliência e a determinação, nossos maiores aliados, emergem e nos capacitam a superar adversidades.

Cultivando resiliência: A resiliência não é apenas a capacidade de suportar dificuldades, mas de se recuperar delas. A adversidade é o solo fértil onde a resiliência cresce. Cada golpe que enfrentamos na vida nos ensina a nos adaptar, a fortalecer nossa capacidade de resistir e a crescer mais fortes diante das tormentas. Assim, a adversidade se torna um professor implacável, forjando nossa resiliência a cada desafio superado.

Aprendizado com o fracasso: A adversidade muitas vezes nos coloca diante do fracasso, mas o fracasso é uma lição disfarçada. Cada queda, cada erro, nos dá a oportunidade de aprender e crescer. Aprender a abraçar o fracasso, a ver além dele e a extrair lições valiosas é um aspecto crucial da resiliência. A adversidade nos treina para transformar nossas falhas em combustível para o sucesso futuro.

Força na determinação: A determinação é a força que nos impele a continuar avançando, mesmo quando o caminho está cheio de obstáculos. Na adversidade, a determinação se torna nosso guia, nos lembrando de nossos objetivos e nos dando a coragem necessária para enfrentar as dificuldades. É essa determinação que nos ajuda a nos levantar após cada queda e a persistir, mesmo quando o caminho é árduo.

A importância da resiliência para o propósito: A resiliência é uma peça-chave no quebra-cabeça do propósito. O caminho para viver de acordo com nosso propósito está repleto de obstáculos e desafios. A resiliência nos permite manter nosso foco, adaptar nossas estratégias e persistir em direção a nossa visão, mesmo quando confrontados com a adversidade. Ela é o combustível que nos mantém avançando em nossa caminhada.

Transcendendo limites: A adversidade é um convite para transcendermos nossos próprios limites. Quando enfrentamos desafios aparentemente insuperáveis, somos desafiados a ir além de nossas zonas de conforto, a explorar territórios desconhecidos e a descobrir nossa verdadeira força interior. É nesse processo que nos tornamos mais resilientes e determinados.

A resiliência e a determinação são como músculos que se fortalecem com o uso constante. Quanto mais enfrentamos a adversidade de cabeça erguida, mais desenvolvemos nossa resiliência e determinação. Essas qualidades nos capacitam a não apenas sobreviver à adversidade, mas a prosperar através dela. Na trajetória em direção ao nosso propósito, a resiliência e a determinação são os pilares que sustentam nossa caminhada, permitindo-nos superar desafios e alcançar nossos objetivos, independentemente das circunstâncias.

Empatia e compaixão

A trilha pela adversidade é uma experiência na qual não só enfrentamos nossos próprios desafios, mas também somos confrontados com a humanidade nas suas mais variadas formas. É nesse confronto que a empatia e a compaixão emergem, transformando-nos de dentro para fora.

Compreensão profunda da luta humana: A adversidade não discrimina. Ela toca a vida de todos em algum momento, independentemente de quem somos ou de onde viemos. Ao enfrentarmos nossos próprios desafios, ganhamos uma compreensão mais profunda da luta humana. Percebemos que todos, de uma forma ou de outra, estão travando suas próprias batalhas silenciosas. Essa percepção nos conecta à nossa humanidade compartilhada.

Empatia nasce da experiência: A empatia é a capacidade de se colocar no lugar do outro, de sentir o que o outro sente. A adversidade nos dá uma vivência mais real e profunda desse sentimento. Quando sabemos o que é sofrer, quando conhecemos a angústia, conseguimos sentir empatia por aqueles que estão passando por situações difíceis. Essa empatia genuína nasce da nossa própria experiência com a adversidade.

A compaixão como agente de transformação: A adversidade nos ensina a estender a mão e ajudar os outros. Ela nos mostra o poder da compaixão. Quando enfrentamos dificuldades, muitas vezes somos tocados pela compaixão de outros, e esse ato de compaixão pode mudar o curso de nossas vidas. Ao experimentar isso, somos motivados a oferecer compaixão aos outros, a ser aquele farol de esperança em meio às tempestades da vida.

A ligação humana através da compaixão: A compaixão é o que nos liga como seres humanos. É a cola que une a sociedade. Na adversidade, aprendemos a valorizar essa ligação. A adversidade nos ensina que estamos todos no mesmo barco, navegando pelos mares incertos da vida. Essa compreensão nos impulsiona a estender a mão, a compartilhar nossas lutas e a apoiar uns aos outros.

A transformação pessoal pela compaixão: A prática da compaixão não apenas beneficia aqueles que a recebem, mas também transforma quem a pratica. Ao sermos compassivos, aprendemos a ver o mundo através dos olhos dos outros, a sentir com o coração deles. Isso amplia nossa perspectiva e nos transforma em seres mais conscientes, altruístas e amorosos.

A adversidade é uma mestra severa, mas uma mestra que ensina lições inestimáveis. Entre essas lições preciosas, a importância da empatia e da compaixão é um dos aprendizados mais profundos. É a lembrança de que, no final das contas, somos todos humanos, todos vulneráveis, todos lutando e todos merecendo compaixão e apoio. É uma lição que nos leva a viver nossas vidas com um coração mais aberto, estendendo nossas mãos para ajudar, tornando o mundo um lugar melhor, um ato de compaixão de cada vez.

TRANSFORMANDO DESAFIOS EM OPORTUNIDADES DE CRESCIMENTO

A maneira como enfrentamos a adversidade determina o quanto crescemos com ela. Em vez de serem obstáculos intransponíveis, os desafios podem se tornar oportunidades significativas para nosso desenvolvimento pessoal e evolução.

Aprendendo a se adaptar e inovar

Na jornada da vida, somos confrontados com um espetro variado de desafios, alguns mais complexos e imprevisíveis do que outros. A adversidade, por vezes implacável, é uma presença constante que testa nossa resiliência e determinação. No entanto, ela também possui o poder de nos impulsionar a pensar fora da caixa, a buscar soluções inovadoras e a se adaptar a novas realidades. A adversidade, assim, se torna uma mestra da criatividade e da inovação.

Forjando a criatividade na adversidade: Quando confrontados com adversidades, somos compelidos a pensar de maneira criativa e inventiva. A necessidade de superar obstáculos muitas vezes nos leva a buscar soluções não convencionais, a enxergar os problemas de diferentes ângulos e a aplicar nossa imaginação de maneiras inovadoras.

Saindo da zona de conforto: A adversidade nos desafia a sair da nossa zona de conforto. O que antes era familiar e seguro pode não mais servir diante de desafios inesperados. Isso nos encoraja a abraçar a incerteza e a experimentar coisas novas. Às vezes, é necessário abandonar métodos tradicionais e se aventurar em territórios desconhecidos para encontrar soluções eficazes.

Aprendizado contínuo e adaptação: A adversidade muitas vezes surge de mudanças inesperadas no nosso ambiente ou na nossa vida. Para superá-las, é fundamental manter um espírito de aprendizado contínuo e se adaptar rapidamente. Isso implica estar disposto a ajustar nossas estratégias e abordagens conforme a situação evolui.

Cultivando a inovação: A adversidade pode servir como um campo de testes para a inovação. Ela nos instiga a buscar novas ideias, a combinar conceitos aparentemente desconexos e a encontrar soluções únicas para os problemas que enfrentamos. É um catalisador para a criatividade em sua forma mais pura.

Fomentando a resiliência inovadora: A resiliência não é apenas a capacidade de se recuperar; é também a habilidade de inovar no processo de recuperação. Aqueles que são resistentes e inovadores não apenas se recuperam dos contratempos, mas se elevam acima deles, criando algo novo e valioso no processo.

A adversidade, quando vista como um convite à criatividade e inovação, se torna uma fonte de inspiração para abordar a vida com uma mentalidade aberta e curiosa. Ela nos ensina que cada desafio é uma oportunidade disfarçada, que podemos transformar problemas aparentemente insolúveis em avanços surpreendentes e que, em última análise, nossa capacidade de se adaptar e inovar é um dos nossos maiores ativos na busca do nosso propósito e do sucesso.

Apreciando os momentos de crescimento

Na estrada complexa e sinuosa da vida, a adversidade se apresenta como uma professora impiedosa, mas inigualável. Ela nos lança em desafios inesperados, testa nossa força e nos empurra para além dos limites que conhecíamos. No entanto, entre os espinhos, encontramos preciosas flores de crescimento e aprendizado. A adversidade nos ensina a valorizar e celebrar cada momento de superação e crescimento.

Reconhecendo a jornada: A adversidade nos faz conscientes de que a vida é uma jornada. Ela nos ensina a apreciar cada etapa, mesmo as mais difíceis, pois cada uma contribui para o nosso crescimento pessoal e nos aproxima do nosso propósito.

Celebrando as conquistas, grandes e pequenas: A superação de qualquer desafio, seja ele grande ou pequeno, merece celebração. Cada passo dado em direção à superação é uma vitória a ser comemorada. Essas celebrações fortalecem nossa motivação e nos incentivam a continuar persistindo.

Aprendendo com a adversidade: A adversidade nos proporciona lições valiosas. Cada desafio enfrentado é uma oportunidade de aprender mais sobre nós mesmos, sobre nossas respostas ao estresse e sobre as estratégias que funcionam para nós. Apreciar o aprendizado é celebrar a evolução contínua.

Cultivando uma atitude de gratidão: A adversidade nos ensina a ser gratos, mesmo pelas dificuldades. Ela nos mostra que cada desafio enfrentado nos torna mais fortes, mais sábios e mais resilientes. A gratidão nos ajuda a manter uma perspectiva positiva e a celebrar os aspectos positivos que emergem das lutas.

Fomentando a confiança em si mesmo: Cada vez que superamos um desafio, nossa confiança cresce. A adversidade, ao nos forçar a enfrentar nossos medos e superá-los, nos ajuda a perceber que somos mais capazes e resilientes do que imaginávamos. Celebrar esse crescimento fortalece nossa autoestima e confiança em nossas habilidades.

Motivando para o futuro: A celebração do crescimento impulsiona nossa motivação para enfrentar futuros desafios. A lembrança das conquistas passadas nos energiza e nos encoraja a enfrentar novos desafios com determinação renovada.

A adversidade nos recorda que cada vitória, independentemente de seu tamanho, é um degrau na escada do nosso desenvolvimento pessoal. Celebrar esses momentos de crescimento não apenas nos permite apreciar o quão longe chegamos, mas também nos dá a energia e a paixão para continuar nossa caminhada em direção ao nosso propósito com força e entusiasmo renovados.

Transformando a dor em força

Na imprevisibilidade da jornada da vida, a dor e a adversidade muitas vezes se encontram como visitantes indesejados. São momentos de escuridão, de desconforto, de luta. No entanto, por meio da transformação alquímica, é possível converter essa dor em uma força motriz para nosso crescimento pessoal e desenvolvimento espiritual.

Reconhecendo a dor como oportunidade: A dor é uma mensagem, um sinal de que algo em nossas vidas precisa de atenção. Em vez de temê-la, podemos vê-la como uma oportunidade para avaliar nossa situação, nossa mentalidade e nossas escolhas. É um chamado para a ação.

Aceitando a realidade da dor: A primeira etapa para transformar a dor em força é aceitá-la completamente. Aceitar que a dor faz parte da vida humana é o primeiro passo para lidar com ela de forma construtiva. Ignorar a dor pode aprofundar o sofrimento; aceitá-la nos ajuda a começar o processo de transformação.

Explorando a dor com compreensão: Em vez de rejeitar ou fugir da dor, podemos explorá-la com compreensão e curiosidade. Perguntas como "O que posso aprender com essa dor?" ou "Como posso crescer a partir disso?" nos ajudam a entender suas causas e a encontrar maneiras de transformá-la em uma força positiva.

Transmutando a dor em resiliência: A dor, quando bem administrada, pode se tornar um catalisador para desenvolver resiliência emocional. Através da reflexão, da aceitação e da busca por soluções, fortalecemos nossa habilidade de enfrentar futuras adversidades de forma mais resiliente.

Inspiração e empatia para os outros: Ao passar por experiências dolorosas e transformá-las em crescimento pessoal, podemos inspirar e oferecer empatia aos outros que enfrentam desafios semelhantes. Nossa história de superação pode servir como uma luz no túnel para aqueles que estão lutando.

Encontrando propósito na dor: Às vezes, a dor nos guia em direção ao nosso verdadeiro propósito. Ela pode nos mostrar onde nossos talentos e paixões podem ser usados para fazer uma diferença significativa no mundo. Assim, a dor pode se tornar um impulso para alcançar nosso verdadeiro potencial.

Cultivando gratidão pela dor: Embora pareça paradoxal, a dor pode nos ensinar a ser mais gratos pelas alegrias e pelas lições da vida. Através da comparação com momentos difíceis, aprendemos a valorizar verdadeiramente os momentos de felicidade, amor e paz.

A verdadeira arte da vida está em nossa capacidade de transformar a dor em força. Assim como uma flor que cresce da lama, podemos encontrar beleza e força em meio às situações mais desafiadoras. Essa transformação não é apenas pessoal, mas também pode servir como um farol de esperança para os outros, iluminando o caminho para um futuro mais brilhante e compassivo. A chave é acreditar na alquimia da adversidade e ter a coragem de empreender essa experiência de transformação.

Concluímos este capítulo com uma verdade que se revela nas profundezas de nossas lutas e desafios: a adversidade é uma professora sábia, e seus ensinamentos muitas vezes são os mais valiosos. Nos momentos de dificuldade, encontramos não apenas resistência e resiliência, mas também sabedoria e compaixão que moldam nossa alma.

Quando a vida nos desafia, ela nos convida a buscar dentro de nós a força que muitas vezes desconhecemos possuir. É nos momentos de maior escuridão que descobrimos a luz que reside em nosso interior, pronta para nos guiar para além das tormentas e para um lugar de paz e crescimento.

Lembre-se, cada obstáculo é uma oportunidade disfarçada. A maneira como enfrentamos a adversidade define a nossa jornada. Podemos nos curvar sob o peso das dificuldades ou podemos nos erguer, transformando os desafios em trampolins que nos impulsionam a alturas ainda maiores. Cada adversidade é uma chance de crescer, aprender e se tornar mais forte.

No próximo capítulo, vamos explorar a importância de reconhecer e celebrar cada passo na trajetória em direção ao nosso propósito. Vamos descobrir a gratidão pelos passos que demos até agora e a confiança no caminho vitorioso que ainda está à nossa frente. Até lá, que cada desafio nos fortaleça e cada superação nos inspire a seguir adiante, rumo à nossa melhor versão.

11

CELEBRANDO SEU PROPÓSITO

*Celebre sua caminhada, celebre seu propósito,
pois cada passo é um motivo para festejar
a vida e seu significado único.*

Chegamos a um ponto crucial nesta experiência de imersão: a celebração do propósito que tem nos guiado ao longo de toda essa vivência. Encontrar e viver de acordo com nosso propósito é um privilégio e uma dádiva, e merece ser comemorado. Cada passo em direção a um propósito significativo merece ser celebrado.

O desafio para descobrir e viver de acordo com um propósito nos instiga, inspira e transforma. No entanto, muitas vezes nos esquecemos de pausar e refletir sobre o caminho que percorremos. Celebrar suas conquistas e progresso é mais do que uma mera formalidade; é uma prática que alimenta a motivação, renova a energia e reafirma a validade do seu propósito.

Neste penúltimo capítulo, vamos explorar a importância fundamental de celebrar conquistas relacionadas ao seu propósito. Vamos desvendar como a celebração não é apenas uma forma de reconhecimento, mas também um componente vital para manter sua chama viva durante a sua caminhada.

A IMPORTÂNCIA DE CELEBRAR SEU PROPÓSITO

Celebrar seu propósito não é apenas uma celebração de uma conquista pessoal, mas também um reconhecimento do significado e impacto que você teve em sua vida e na vida dos outros. É uma pausa merecida para refletir sobre o caminho que você percorreu, as lições que aprendeu e as contribuições que fez para o mundo ao seguir seu propósito.

Validação da jornada

A validação da jornada é um ato fundamental de reconhecimento e celebração de tudo o que você enfrentou e conquistou ao longo de sua busca pelo propósito. É um momento de reflexão que valida sua resiliência, determinação e coragem. São aspectos cruciais sobre a validação da jornada:

Reconhecimento das etapas percorridas: Ao celebrar seu propósito, você está reconhecendo cada etapa de sua jornada. Desde os primeiros passos incertos até as vitórias mais recentes, cada fase tem contribuído para moldar quem você é e o propósito que você agora abraça. É uma maneira de honrar o progresso e a evolução que ocorreram ao longo do tempo.

Aceitação das lutas e desafios: A validação da jornada permite que você aceite e honre as lutas e desafios que enfrentou. Isso inclui períodos de dúvida, incerteza e até mesmo fracasso. Aceitar e reconhecer esses momentos como parte integrante de sua jornada o fortalece para seguir em frente, sabendo que cada desafio foi uma lição valiosa.

Crescimento e aprendizado: Ao celebrar seu propósito, você está celebrando também o crescimento e o aprendizado que adquiriu ao longo do caminho. Cada obstáculo superado, cada lição aprendida e cada experiência acumulada são peças essenciais que contribuíram para o seu desenvolvimento pessoal.

Gratidão pela jornada: A validação é também uma expressão de gratidão pela própria jornada. Agradecer por cada momento, seja bom ou ruim, significa aceitar que cada parte do caminho tinha um propósito. A gratidão pela jornada é um ingrediente essencial para manter uma perspectiva positiva e inspiradora.

Força para o futuro: Olhar para trás e validar sua história oferece uma poderosa fonte de força para o futuro. Você percebe que superou desafios no passado e isso lhe dá a confiança necessária para enfrentar futuros desafios. É um lembrete de que você é capaz de perseverar e prosperar, independentemente do que a vida coloque em seu caminho.

Ao celebrar seu propósito e validar toda a sua jornada até este ponto, você se enche de energia renovada e determinação para continuar em frente. É uma celebração de sua resiliência e uma confirmação de que seu propósito é valioso e significativo. A validação da jornada é, portanto, um passo vital para manter a motivação e inspiração enquanto você avança em direção a uma vida com propósito.

Inspiração para o futuro

A celebração de seu propósito não é apenas uma reflexão sobre o passado; é uma fonte poderosa de inspiração para o futuro. Essa celebração energiza e motiva, fornecendo um impulso vital para as etapas que virão. Modos como a celebração do propósito inspira o futuro:

Renovação de energias: Assim como recarregar as energias antes de uma etapa crucial, celebrar seu propósito renova suas energias físicas, mentais e emocionais. Isso é essencial para enfrentar futuros desafios com vitalidade e entusiasmo renovados.

Reflexão sobre conquistas: Durante a celebração, você reflete sobre suas conquistas até o momento. Isso o lembra do progresso que alcançou e do impacto que teve. Essa reflexão inspira confiança, mostrando que você é capaz de alcançar metas futuras.

Foco nos objetivos futuros: A celebração serve como um ponto de partida para traçar novos objetivos e metas. Ela ajuda a refocar sua atenção nas metas que ainda não alcançou, proporcionando clareza sobre o que deseja realizar no futuro.

Lembrança do propósito maior: A celebração reforça seu propósito maior. Lembra-lhe de que cada conquista contribui para esse propósito e que seu caminho está alinhado com o que você ama e valoriza. Isso inspira a continuar contribuindo para esse propósito de forma significativa.

Injeção de determinação e entusiasmo: Ao celebrar suas conquistas, você injeta determinação e entusiasmo em seu ser. Esse entusiasmo é vital para enfrentar novos desafios com coragem e determinação, mantendo-o no caminho do seu propósito.

Aprendizado e crescimento constantes: Inspirar-se para o futuro significa também estar aberto a aprender e crescer continuamente. Cada etapa da jornada traz lições valiosas. Inspirar-se para o futuro significa estar pronto para assimilar essas lições e aplicá-las no próximo ciclo de conquistas.

A celebração de seu propósito é como um combustível para sua vitória. É o impulso extra que você precisa para enfrentar novas oportunidades, desafios e metas. Ela reafirma que você está no caminho certo e que cada passo dado vale a pena. Portanto, celebre suas conquistas, inspire-se para o futuro e siga adiante com determinação, mantendo seu propósito como sua bússola para a vida. O futuro reserva grandes conquistas para aqueles que celebram e continuam a perseguir seu propósito com paixão e dedicação.

Reconhecimento do impacto

A celebração do propósito vai além de uma reflexão pessoal; é um momento de reconhecer o impacto que você teve no mundo por viver de acordo com sua missão. Este reconhecimento é vital, não apenas para validar suas escolhas, mas também para fortalecer sua responsabilidade contínua de contribuir e fazer a diferença. Aspectos essenciais sobre o reconhecimento do impacto do seu propósito:

Validação das escolhas: Ao celebrar seu propósito e reconhecer o impacto que teve, você valida suas escolhas ao longo dessa experiência. Isso inclui as decisões difíceis, os sacrifícios feitos e os esforços persistentes. O reconhecimento é um lembrete de que cada passo foi significativo.

Influência nas vidas dos outros: Ao reconhecer o impacto, você se conscientiza de como suas ações influenciaram e inspiraram outras pessoas. Perceba que sua história não é apenas sobre você, mas sobre tocar vidas de maneira positiva e talvez catalisar mudanças significativas nas vidas de outras pessoas.

Motivação para continuar contribuindo: Esse reconhecimento atua como um motivador para continuar contribuindo para o bem maior. Saber que suas ações têm um impacto positivo alimenta sua determinação para continuar a trilhar o caminho do propósito, mesmo quando os desafios se apresentam.

Conexão com o propósito maior: O reconhecimento do impacto fortalece sua conexão com o propósito maior que o impulsiona. Você percebe que cada ação alinhada com seu propósito contribui para algo maior do que você mesmo, reforçando a importância da sua missão na sociedade.

Responsabilidade contínua: Além de validar suas escolhas, o reconhecimento do impacto traz consigo uma responsabilidade contínua. Você compreende que, à medida que seu impacto cresce, sua responsabilidade de contribuir positivamente para o mundo também aumenta.

Inspiração para uma contribuição mais profunda: O reconhecimento do impacto inspira você a explorar maneiras de contribuir de maneira mais significativa e abrangente. Pode levá-lo a expandir suas metas e visões, buscando uma influência mais ampla e duradoura.

Criação de um legado duradouro: A conscientização do impacto pode moldar sua visão de legado. Você percebe que seu propósito pode se traduzir em um legado duradouro, deixando uma marca positiva que perdura para as futuras gerações.

Celebrar seu propósito e reconhecer o impacto que teve no mundo é um convite para refletir sobre a magnitude da sua contribuição e para renovar seu compromisso com sua missão. Esse reconhecimento é a chama que mantém a paixão acesa e impulsiona você a continuar sabendo que cada ação, por menor que seja, contribui para um mundo melhor.

FORMAS SIGNIFICATIVAS
DE CELEBRAR SEU PROPÓSITO

A celebração do seu propósito pode assumir muitas formas, e a escolha do que fazer depende de sua personalidade, preferências e a magnitude do marco que você deseja celebrar. Vamos explorar algumas maneiras significativas de celebrar seu propósito.

Reflita sobre sua jornada

A celebração do propósito vai além das conquistas tangíveis; é um mergulho profundo na jornada que o conduziu até onde você está hoje. Refletir sobre essa jornada é uma forma poderosa de celebrar o propósito, honrando cada passo, desafio e vitória ao longo do caminho. Alguns pontos essenciais sobre como você pode refletir sobre sua jornada e, assim, celebrar o percurso até o seu propósito:

Registro das conquistas-chave: Dedique um tempo para fazer um registro das conquistas-chave em sua jornada em direção ao propósito. Essas conquistas podem variar de pequenos marcos a grandes avanços, e todas têm sua importância. Ao escrever e revisar essas conquistas, você reconhece o progresso feito e se enche de gratidão.

Aprendizados e crescimento pessoal: Além das conquistas, reflita sobre os aprendizados que adquiriu. Identifique as lições valiosas que moldaram sua mentalidade, habilidades e compreensão do propósito. Reconheça como esses aprendizados contribuíram para o seu crescimento pessoal.

Momentos de desafio e superação de obstáculos: Não ignore os momentos de desafio; eles também são parte integral da jornada. Reflita sobre os momentos em que enfrentou obstáculos e adversidades. Como você os superou? Que estratégias e forças internas você utilizou para seguir em frente?

Transformação pessoal: Considere como você se transformou ao longo dessa viagem em direção ao propósito. Quais aspectos de sua personalidade evoluíram? Como seus valores e crenças foram fortalecidos ou modificados? Perceba a pessoa notável que se tornou.

Expressão de gratidão: Durante a reflexão, expresse gratidão pelas pessoas, oportunidades e experiências que contribuíram para seu crescimento. Agradecer por cada elemento que a vida lhe proporcionou, seja desafiador ou gratificante, reforça a apreciação pela viagem.

Visualização do futuro a partir da jornada atual: Utilize essa reflexão para visualizar o futuro. Como sua jornada até agora está informando sua visão e metas futuras? Como você pode aplicar o que aprendeu para alcançar seu propósito de maneira ainda mais eficaz?

Celebração da resiliência: Reconheça e celebre sua resiliência ao enfrentar e superar as dificuldades. A resiliência é uma força que molda sua história e merece ser celebrada como um testemunho de sua determinação e coragem.

A reflexão sobre sua jornada não é apenas uma celebração retrospectiva; é uma oportunidade de se conectar profundamente consigo mesmo, apreciar sua resiliência e renovar seu compromisso com o propósito. É uma celebração não apenas do que foi alcançado, mas de quem você se tornou ao longo da caminhada e quem você aspira ser no futuro.

Compartilhe sua história

Compartilhar sua história e seu propósito com outras pessoas é um ato poderoso de celebração e inspiração. Essa partilha não apenas reforça a validação do seu próprio caminho, mas também tem o potencial de impactar positivamente as vidas de outras pessoas que podem estar em busca de seu próprio propósito. São modos eficazes de compartilhar sua história e, assim, criar uma fonte de inspiração para os outros:

Blogs e artigos inspiracionais: Escrever um blog ou artigos sobre sua caminhada em direção ao propósito é uma maneira eficaz de compartilhar sua história. Você pode detalhar os desafios que enfrentou, as lições que aprendeu e as conquistas que alcançou. Ao fazer isso, oferece aos leitores insights valiosos e inspiração para seguir seus próprios caminhos de propósito.

Palestras e apresentações: Se sentir confortável em falar em público, considere compartilhar sua experiência e seu propósito através de palestras e apresentações. Esses eventos proporcionam um espaço para transmitir sua experiência de forma envolvente e interativa, impactando diretamente a audiência e motivando-os a refletir sobre suas próprias vidas.

Participação em painéis e eventos de networking: Participe de painéis, conferências ou eventos de networking relacionados ao seu campo de propósito. Essas ocasiões oferecem a oportunidade de compartilhar sua história com um público interessado e diversificado. Suas experiências podem inspirar e influenciar positivamente os presentes.

Redes sociais e plataformas online: Utilize as redes sociais e plataformas online para compartilhar insights e atualizações sobre sua vivência. Poste regularmente sobre suas conquistas, aprendizados e os altos e baixos do caminho em busca do propósito. Isso não apenas celebra suas conquistas, mas também alcança um público global, possibilitando um impacto mais amplo.

Participação em grupos de apoio e comunidades: Integre-se em grupos de apoio ou comunidades que compartilham interesses semelhantes. Contribua ativamente com sua experiência e história de propósito. Esses grupos oferecem um ambiente seguro para compartilhar suas lutas e triunfos, inspirando e sendo inspirado por outros.

Livros e publicações especiais: Considere escrever um livro ou contribuir para uma publicação que envolva narrativas de pessoas que encontraram e seguem seus propósitos de vida. Sua história pode servir como um capítulo inspirador, alcançando um público amplo e duradouro.

Conversas pessoais e mentoradas: Não subestime o poder de uma conversa pessoal. Compartilhe sua experiência e propósito com amigos, familiares e mentores. Essas conversas podem gerar insights e perspectivas valiosas, além de criar conexões mais profundas e apoiadoras.

Compartilhar sua história é uma forma de oferecer uma mão estendida a outros viajantes nessa viagem da vida. Além disso, ao inspirar os outros, você nutre sua própria motivação e reafirma seu propósito. Sua história pode ser exatamente o impulso que alguém precisa para começar ou continuar sua própria busca pelo propósito.

Faça uma atividade significativa

Celebrar seu propósito envolve mais do que apenas uma reflexão interior; muitas vezes, é sobre manifestar sua dedicação em ações tangíveis e impactantes. Uma maneira poderosa de fazer isso é participar de atividades significativas que ressoam com sua paixão, missão e propósito. Essas atividades não apenas enriquecem sua jornada, mas também fortalecem seu compromisso e conexão com o que é mais importante para você. São formas de celebrar seu propósito através de atividades significativas:

Voluntariado para causas que você acredita: Dedique seu tempo voluntariando-se para organizações cujas missões estejam alinhadas com seu propósito. Seja na área da educação, saúde, meio ambiente ou qualquer outra causa, o voluntariado permite que você contribua diretamente para um mundo melhor, reforçando sua crença e compromisso com seu propósito.

Organize eventos ou workshops: Promova eventos, workshops ou seminários relacionados ao seu campo de propósito. Compartilhe seu conhecimento e experiência com outros interessados, inspire-os e crie um espaço para a troca de ideias e aprendizados. Isso não só celebra seu propósito, mas também influencia e inspira os participantes.

Participação em projetos de impacto: Engaje-se em projetos que tenham um impacto positivo em sua comunidade ou em um grupo de pessoas específico. Pode ser um projeto de educação, de ajuda humanitária, de conscientização sobre questões sociais, entre outros. O envolvimento ativo nesses projetos é uma maneira tangível de celebrar seu propósito.

Expressão criativa: Use sua criatividade para celebrar seu propósito. Pinte, escreva, crie música ou faça qualquer forma de arte que expresse a essência do seu propósito. A expressão criativa é uma maneira poderosa de conectar-se profundamente com seu propósito e compartilhá-lo de forma inspiradora com os outros.

Peregrinação a lugares significativos: Faça uma viagem a um local que tenha significado para você e sua jornada de propósito. Pode ser o lugar onde teve uma epifania sobre seu propósito ou um lugar que simbolize suas aspirações. A imersão nesse ambiente pode ser uma experiência transformadora e celebratória.

Atividades de autocuidado e bem-estar: Dedique um tempo a atividades que nutrem sua alma e corpo. Isso pode incluir yoga, meditação, caminhadas na natureza ou qualquer prática que o ajude a se reconectar consigo mesmo e com seu propósito. Cuidar de si mesmo é uma forma vital de celebrar o caminho que percorreu até agora.

Participação em eventos de networking: Junte-se a eventos de networking que reúnam pessoas com interesses semelhantes. Esses encontros podem proporcionar novas perspectivas, conexões e oportunidades de colaboração, celebrando assim a rede que você está construindo em torno de seu propósito.

Ao escolher atividades que ressoem profundamente com seu propósito, você fortalece sua conexão com ele e reafirma seu compromisso de viver de acordo com o que mais importa para você. É uma maneira de se reconectar com a essência do seu propósito e celebrar a trajetória que o trouxe até aqui.

Reconheça seu progresso com gratidão

Celebrar seu propósito é mais do que uma celebração de marcos alcançados. É uma imersão profunda na caminhada de superação, um reconhecimento grato de cada passo, independentemente de quão pequeno ou grande seja. Uma maneira poderosa e transformadora de celebrar e reconhecer sua trajetória é através da prática constante da gratidão. A gratidão não só celebra suas conquistas, mas também nutre sua mentalidade e atitude em relação à vida. São formas de reconhecer seu progresso com gratidão:

Diário de gratidão: Reserve um tempo diariamente para escrever no seu diário de gratidão. Anote pelo menos três coisas relacionadas à sua jornada de propósito pelas quais você é grato naquele dia. Isso pode ser uma nova conexão que fez, um desafio que superou ou até mesmo uma pequena descoberta sobre si mesmo.

Ritual semanal de reflexão: Estabeleça um ritual semanal para refletir sobre os avanços e aprendizados da semana. Ao praticar essa reflexão semanal, reconheça o progresso em direção ao seu propósito e expresse gratidão por cada passo dado. Isso ajuda a manter uma visão positiva e alegre de sua caminhada.

Momentos significativos de gratidão: Crie momentos de gratidão em marcos importantes. Isso pode ser ao atingir uma meta específica, ao celebrar um aniversário relacionado ao seu propósito ou ao superar um desafio significativo. Tire um tempo para agradecer por cada etapa concluída.

Expressão de gratidão a pessoas importantes: Reconheça e expresse gratidão às pessoas que o apoiaram e inspiraram ao longo de sua jornada de propósito. Pode ser um mentor, um amigo, um familiar ou até mesmo um colega. Dê um passo adiante e compartilhe com eles o impacto positivo que têm ou tiveram em sua vida.

Visualização de progresso com gratidão: Pratique a visualização criativa de seu progresso até o momento e, enquanto faz isso, sinta uma profunda gratidão por cada conquista e desafio superado. Isso cria uma conexão emocional poderosa com sua caminhada e um reconhecimento amoroso de si mesmo.

Momentos de gratidão na rotina diária: Integre momentos de gratidão em sua rotina diária. Por exemplo, agradeça antes de uma refeição ou antes de dormir, refletindo sobre os momentos do dia pelos quais você é grato. Esses momentos simples, mas significativos ajudam a manter um estado emocional positivo.

Compartilhamento de gratidão nas redes sociais: Compartilhe suas expressões de gratidão nas redes sociais, inspirando outros a fazerem o mesmo. Pode ser uma maneira de espalhar positividade e encorajar uma cultura de gratidão em sua comunidade.

Praticar a gratidão é uma forma de reconhecer e celebrar a história que o levou até o momento presente. É um ato de amor próprio e apreciação pela trajetória, pelas experiências e pelo progresso alcançado. Cada momento de gratidão é uma celebração da vida e do propósito que está sendo vivido.

MANTENDO A CHAMA VIVA

A celebração do seu propósito é uma parte essencial de manter a chama do propósito viva e vibrante. É uma pausa que recarrega suas energias, valida suas experiências e alimenta sua inspiração para o futuro. Tenha em mente que a celebração não deve ser um evento isolado, mas sim uma prática contínua. São práticas para ajudar nesse processo:

Reflita regularmente sobre seu propósito

Faça reflexões regulares sobre seu propósito. Pergunte-se se suas ações estão alinhadas com seus valores e missão de vida. A reflexão constante ajuda a manter o propósito sempre vivo em sua mente.

Mantenha hábitos que alimentam seu propósito

Crie hábitos diários que estejam alinhados com seu propósito. Se o seu propósito envolve ajudar os outros, inclua práticas diárias de voluntariado ou ações que contribuam para o bem-estar dos outros.

Crie um círculo de apoio e inspiração

Cerque-se de pessoas que compartilham seus valores e propósito. Ter um círculo de apoio e inspiração ajuda a manter sua chama acesa e oferece encorajamento nos momentos difíceis.

Mantenha-se curioso e aberto a novas possibilidades

Permaneça curioso e aberto a novas experiências e conhecimentos. Às vezes, o propósito pode evoluir com o tempo à medida que você cresce e aprende mais sobre si mesmo e o mundo. Esteja disposto a se adaptar e evoluir.

Ao celebrar suas conquistas ao longo da caminhada em busca de propósito, você está plantando sementes de gratidão e força. Cada celebração é um lembrete de que você está no caminho certo, que cada obstáculo superado é uma vitória e que você está fazendo a diferença no mundo. Não

subestime o poder da celebração – ela reforça sua motivação e inspira os outros a seguirem suas pegadas.

No próximo e último capítulo, vamos mergulhar fundo
no ato de compartilhar o propósito. Espalhar o propósito
é como lançar pedras em um lago, criando ondas que se
estendem muito além do ponto de impacto inicial. Você
descobrirá como a partilha de sua jornada de propósito
pode inspirar, motivar e criar uma corrente de mudanças
positivas na sociedade.

Vamos, juntos, espalhar o propósito.

ESPALHANDO O PROPÓSITO

Como uma semente ao vento, espalhe seu propósito pelo mundo. Cada ação inspirada deixa um legado duradouro no coração da humanidade.

Bem-vindo ao capítulo final desta experiência enriquecedora e transformadora em busca de propósito. Ao longo desta trajetória, você explorou as profundezas de sua alma, desvendou seus medos e anseios, celebrou suas conquistas e, mais importante, descobriu o propósito que pulsa dentro de você. Agora, chegou o momento culminante, onde você se torna o mensageiro e catalisador do propósito que abraça.

Este último capítulo representa um convite para transcender as fronteiras de sua própria jornada e deixar uma marca indelével na história de outras pessoas. É um chamado para compartilhar, inspirar e contribuir para um mundo que anseia por propósito, significado e conexão.

A JORNADA ALÉM DE SI MESMO
UMA CHAMADA PARA O IMPACTO COLETIVO

Chegou o momento de compreender que nosso propósito vai além de uma jornada intrapessoal; é uma peça vital no tecido social. A importância de compartilhar nosso propósito transcende a sua realização. É sobre criar um efeito dominó de transformação, onde cada indivíduo tocado por nossa narrativa se torna uma centelha, acendendo a chama do propósito em outros corações.

Propósito como ponte para a conexão humana

Compartilhar nosso propósito nos permite conectar com outros de maneira autêntica e significativa. Nossas histórias de propósito unem pessoas com experiências e aspirações semelhantes, criando uma teia de conexões humanas que fortalecem o tecido social. Ao compartilhar nossas jornadas, abrimos portas para parcerias, colaborações e apoio mútuo.

Inspirando a mudança e a ação

Quando compartilhamos nosso propósito, inspiramos outros a também refletirem sobre suas próprias vidas e missões. Nossas histórias podem servir como catalisadores para a mudança e ação positiva. Elas têm o poder de influenciar escolhas, estimular o pensamento crítico e motivar outros a fazerem a diferença em suas comunidades e no mundo.

Amplificando o impacto

Cada pessoa impactada por nossa jornada e propósito pode se tornar um multiplicador de nossa mensagem. Ao compartilharem o que aprenderam conosco, a influência se amplifica, atingindo uma audiência maior e diversificada. Assim, nosso impacto não se limita ao nosso círculo imediato, mas se estende a áreas e grupos que de outra forma não teríamos alcance.

Fomentando uma cultura de propósito

Compartilhar nosso propósito contribui para a criação de uma cultura em que cada indivíduo é encorajado a descobrir e viver de acordo com seu propósito. Essa cultura, baseada na autenticidade e no respeito mútuo, propaga-se por organizações, comunidades e até mesmo sociedades, criando um ambiente propício para a realização pessoal e o progresso coletivo.

Desafiando o status quo

Ao compartilhar nossas histórias de propósito, desafiamos as normas e expectativas convencionais. Demonstramos que é possível viver uma vida alinhada com nossos valores, mesmo que isso signifique seguir um caminho não tradicional. Isso pode inspirar uma mudança de mentalidade e uma reavaliação das prioridades para aqueles que buscam significado em suas próprias vidas.

A chama que perdura

Compartilhar nosso propósito cria um legado duradouro. Mesmo quando nossa jornada individual chegar ao fim, a influência de nosso propósito continuará acesa nas vidas que tocamos. A chama do propósito que acendemos em outros corações perdurará, inspirando gerações futuras a seguirem seus próprios chamados e a trabalharem para um mundo mais compassivo e consciente.

Ao compartilharmos nosso propósito, transcendemos os limites do "eu" e nos tornamos parte de algo maior. Nossa jornada de propósito não é apenas sobre nós mesmos; é sobre como moldamos e influenciamos a sociedade e o mundo ao nosso redor. É um chamado para compartilhar, inspirar e espalhar a luz que encontramos em nossa busca pelo propósito, iluminando os caminhos de outros e juntos criando um impacto coletivo.

DESBRAVANDO CAMINHOS E ABRINDO PORTAS INSPIRANDO FUTURAS GERAÇÕES

Espalhar seu propósito não é apenas uma expressão de sua própria história e realizações; é um ato de generosidade e amor pela humanidade. Ao compartilhar sua história, você se torna um farol para os que vêm depois de você. É sobre pavimentar caminhos, abrir portas e garantir que as próximas gerações tenham acesso a um legado de sabedoria, paixão e determinação.

O papel inspirador dos modelos

Quando você compartilha sua jornada de propósito, torna-se um modelo a ser seguido. Você se transforma em prova viva de que é possível viver uma vida autêntica e significativa. As futuras gerações observam seu caminho e encontram inspiração para seguir suas próprias paixões, alinhando-as com um propósito maior.

Fornecendo orientação e conselho

Ao espalhar seu propósito, você oferece orientação valiosa para os mais jovens que estão começando suas próprias histórias. Seu conhecimento e experiência podem servir como um guia, ajudando-os a evitar armadilhas comuns e a tomar decisões informadas enquanto perseguem seus próprios propósitos.

Incentivando a descoberta pessoal

Compartilhar sua história e propósito pode servir como uma semente na mente das futuras gerações, incentivando a reflexão sobre suas próprias aspirações e metas de vida. Você os desafia a explorar, questionar e descobrir o que realmente importa para eles, encorajando a autenticidade e a busca por um caminho único.

Formando uma comunidade de apoio

Ao compartilhar suas experiências de vida você contribui para a criação de uma comunidade de apoio onde pessoas com metas e valores semelhantes podem se conectar e colaborar. Isso proporciona uma rede de suporte valiosa, encorajando a troca de ideias, a colaboração e o crescimento coletivo em direção ao propósito.

Cultivando a resiliência nas gerações futuras

Através da partilha de desafios e obstáculos que você enfrentou em sua jornada de propósito, você demonstra que a resiliência é fundamental para superar adversidades. Isso fortalece a mentalidade das futuras gerações, capacitando-as a enfrentar dificuldades com determinação, aprender com elas e continuar a perseguir seu propósito apesar dos contratempos.

A construção de um futuro melhor

Compartilhar seu propósito contribui para a construção de um futuro mais promissor e consciente. Ao inspirar e orientar as futuras gerações, você ajuda a moldar líderes, inovadores e agentes de mudança que estão focados em causar um impacto positivo na sociedade e no mundo.

Espalhar seu propósito não é apenas sobre deixar um legado pessoal; é sobre criar um legado coletivo de propósito e significado. É sobre influenciar a forma como as futuras gerações abordarão suas próprias vidas e o impacto que terão no mundo ao seu redor. Ao abrir caminhos e abrir portas, você contribui para um futuro onde a busca pelo propósito é valorizada e onde cada indivíduo é inspirado a viver uma vida alinhada com sua verdadeira essência.

O IMPACTO COLETIVO DE VIVERMOS DE ACORDO COM NOSSOS PROPÓSITOS INDIVIDUAIS

Viver de acordo com nossos propósitos individuais não é apenas uma experiência pessoal; é uma trilha que pode ter um impacto poderoso em nossa comunidade e no mundo em geral. Quando cada indivíduo segue seu propósito de vida, cria-se um efeito dominó de mudança e progresso que se espalha para além das fronteiras do eu, transformando coletivamente a sociedade. Vamos explorar mais sobre o impacto coletivo de vivermos alinhados com nossos propósitos individuais:

Inspirando e motivando outros

Viver de acordo com seu propósito individual serve como uma inspiração para outras pessoas que estão em busca de encontrar o delas. Sua determinação, paixão e sucesso ao seguir seu propósito podem motivar outros a também buscarem a realização de seus sonhos e a descobrirem o que os faz verdadeiramente felizes.

Criação de uma comunidade de propósito

Quando várias pessoas vivem de acordo com seus propósitos individuais, forma-se uma comunidade coesa e interconectada. Essa comunidade compartilha valores semelhantes e trabalha em conjunto para criar um ambiente de apoio e crescimento mútuo. A colaboração entre indivíduos com propósitos alinhados potencializa o impacto coletivo.

Transformando o ambiente profissional

Indivíduos que vivem de acordo com seus propósitos muitas vezes buscam carreiras e trabalhos que estejam alinhados com suas paixões e valores. Isso pode resultar em organizações mais engajadas e produtivas, onde os colaboradores encontram significado e satisfação em seu trabalho diário, o que, por sua vez, impacta positivamente o ambiente profissional e os resultados da empresa.

Promovendo a mudança social

Quando um número significativo de pessoas vive de acordo com seus propósitos, pode-se observar uma transformação nas estruturas e normas sociais. Essas pessoas frequentemente se tornam defensoras de causas que lhes são caras, promovendo a justiça social, a igualdade, a sustentabilidade e outras mudanças necessárias para uma sociedade mais equitativa e consciente.

Influenciando políticas e tomadas de decisão

Indivíduos que vivem com propósito muitas vezes buscam participar ativamente na política e nas decisões da comunidade. Ao elevar suas vozes e usar suas energias para influenciar políticas e tomadas de decisão, podem impulsionar mudanças significativas que refletem seus valores e objetivos de vida.

Fomentando um mundo mais consciente

Ao viverem de acordo com seus propósitos, as pessoas muitas vezes adotam estilos de vida mais conscientes e sustentáveis. Isso se traduz em escolhas diárias mais alinhadas com o respeito ao meio ambiente, a responsabilidade social e a empatia, contribuindo para a construção de um mundo mais consciente e equilibrado.

Viver de acordo com nosso propósito individual não é apenas sobre nós mesmos; é sobre criar um impacto positivo duradouro na vida das pessoas ao nosso redor e na sociedade em geral. Ao abraçar e compartilhar nosso propósito, tornamo-nos agentes de transformação e contribuímos para um mundo melhor.

ALCANCE AMPLIFICADO: A ERA DIGITAL E A GLOBALIZAÇÃO DO PROPÓSITO

Vivemos em uma era onde a conectividade global é uma realidade. Este capítulo também explora como a tecnologia pode amplificar o alcance do seu propósito, permitindo que ele ultrapasse fronteiras geográficas e culturais. É sobre usar a plataforma global para espalhar mensagens de esperança, amor e propósito.

Prepare-se para explorar não apenas o poder de compartilhar seu propósito, mas também a responsabilidade que vem com ele. Você pode deixar uma marca duradoura na vida das pessoas, inspirar comunidades e contribuir para uma sociedade mais compassiva e alinhada com propósito.

A era digital e suas implicações

A tecnologia digital transformou radicalmente a maneira como nos comunicamos e interagimos com o mundo. Nesse contexto, a era digital oferece oportunidades sem precedentes para aqueles que desejam compartilhar seu propósito. Através das redes sociais, blogs, podcasts e plataformas de vídeo, qualquer pessoa pode compartilhar sua história e visão com um público global em questão de segundos. Isso significa que seu propósito não está limitado pelas barreiras geográficas; ele pode alcançar pessoas em todos os cantos do planeta.

A importância da conectividade global

A globalização do propósito é mais do que apenas a capacidade de atingir um público maior. É sobre a criação de conexões significativas com pessoas de diferentes culturas, origens e perspectivas. Essas conexões podem enriquecer sua própria compreensão do propósito, expandindo sua visão de mundo e incentivando a colaboração em projetos que têm um impacto positivo em escala global.

Espalhando mensagens de esperança e amor

Neste contexto, seu propósito pode servir como uma mensagem de esperança e amor para um mundo frequentemente tumultuado. As redes sociais e outras plataformas permitem que você compartilhe histórias inspiradoras, mensagens motivadoras e ações positivas que podem inspirar e unir pessoas ao redor do globo. Além disso, a globalização do propósito permite que você participe ativamente em causas humanitárias e sociais em nível internacional, contribuindo para a construção de um mundo melhor.

Consciência sobre o impacto e responsabilidade

No entanto, é importante lembrar que, com grande alcance, vem grande responsabilidade. A globalização do propósito requer uma consciência profunda sobre o impacto que suas palavras e ações podem ter em um público diversificado. É essencial agir com responsabilidade, respeitando as diferentes culturas e perspectivas, e garantir que suas mensagens sejam inclusivas e positivas.

Colaboração e mobilização global

Além de compartilhar seu próprio propósito, a globalização também oferece oportunidades para colaborar com outros indivíduos e organizações que compartilham objetivos semelhantes. Através de parcerias e colaborações globais, é possível mobilizar recursos e esforços para abordar desafios globais, como as mudanças climáticas, desigualdades sociais e crises humanitárias.

Desafios da era digital

Embora a era digital traga muitos benefícios para a globalização do propósito, também apresenta desafios, como a disseminação de informações falsas e a privacidade online. É fundamental navegar nesse ambiente digital com discernimento e ética, garantindo que seu propósito seja comunicado de maneira autêntica e confiável.

A responsabilidade de espalhar uma mensagem positiva

Como um agente de mudança global, você tem a responsabilidade de espalhar uma mensagem positiva e inspiradora. Ao fazer isso, você não apenas amplifica o alcance do seu propósito, mas também contribui para a construção de um mundo mais conectado, compassivo e consciente.

Chegamos ao final desta caminhada em busca de um propósito de vida, mas é importante lembrar que, na verdade, estamos no começo de algo grandioso. Compartilhar seu propósito, como discutido neste capítulo, é plantar uma semente de mudança. É acender uma luz que ilumina o caminho para outros, incentivando-os a trilhar suas próprias jornadas de descoberta e realização.

O propósito que você vive não é apenas seu; é uma peça valiosa no mosaico da humanidade. Cada história compartilhada, cada experiência partilhada é uma contribuição para o nosso mundo, ampliando a compreensão, a compaixão e a empatia. Ao celebrar o impacto coletivo de viver em alinhamento com nossos propósitos individuais, estamos construindo uma teia interconectada de realizações e inspirações.

Hoje, você se torna não apenas um buscador de propósito, mas também um mensageiro. Seu propósito é agora uma narrativa que pode tocar vidas, abrir mentes e moldar o futuro. É uma chamada à ação para compartilhar não apenas sua história, mas seu coração, sua paixão e seu propósito com o mundo.

Nunca subestime o valor e o poder da sua história.

CONCLUSÃO

Em "Qual o Meu Propósito?", exploramos a profunda busca pelo propósito, uma pergunta que ressoa em nossas mentes e corações. Atravessamos as sinuosidades do autoconhecimento, enfrentamos medos e desafios, valorizamos conexões significativas e aprendemos com as adversidades. Agora, estamos ao término desta experiência literária, mas a busca pelo propósito é uma viagem intrapessoal e contínua.

Descobrir nosso propósito é como encontrar a peça final de um quebra-cabeça que é a nossa vida. É entender nossa razão de existir, nosso papel no vasto palco do universo. É uma busca que nos desafia a olhar profundamente para dentro de nós mesmos, a explorar nossas paixões e a questionar nossos valores.

O propósito não é apenas um destino, mas um guia para nossa caminhada. Viver de acordo com nosso propósito não só nos traz realização pessoal, mas também nos convida a contribuir para algo maior que nós mesmos. É um chamado para o impacto coletivo, onde nossa busca inspira outros a descobrirem seu próprio propósito.

Cada ação, não importa a quão pequena, deixa um impacto no mundo. Descobrir e viver nosso propósito é a maneira de garantir que esse impacto seja positivo e significativo. É um compromisso com a construção de um legado de amor, crescimento e compaixão que ressoará através das gerações.

Embora este livro possa chegar ao fim, sua jornada rumo ao propósito está longe de terminar. A vida é um processo constante de evolução, e seu propósito pode se transformar à medida que você cresce e evolui. Continue a explorar, a aprender, a adaptar-se e a compartilhar suas histórias de derrotas e vitórias com outros.

Lembre-se de que a resposta para "Qual o Meu Propósito?" já está dentro de você. É a paixão que incendeia seu coração, a visão que guia suas ações e o amor que você compartilha com o mundo. Você é a personificação do seu propósito, e sua vida é a história que você está escrevendo.

Que sua jornada seja inspiradora, sua busca gratificante e sua vida repleta de propósito.

Com gratidão,

Leonardo Tavares

SOBRE O AUTOR

Leonardo Tavares, carrega consigo não apenas a bagagem da vida, mas também a sabedoria conquistada ao enfrentar as tempestades que ela trouxe. Viúvo e pai dedicado de uma encantadora menina, ele compreendeu que a jornada da existência é repleta de altos e baixos, uma sinfonia de momentos que moldam a nossa essência.

Com uma vivacidade que transcende sua juventude, Leonardo enfrentou desafios terríveis, navegou por fases difíceis e enfrentou dias sombrios. Ainda que a dor tenha sido uma companheira em seu caminho, ele transformou essas experiências em degraus que o impulsionaram a alcançar um patamar de serenidade e resiliência.

O autor de obras de autoajuda notáveis, como os livros "Ansiedade S.A.", "Combatendo a Depressão", "Curando a Dependência Emocional", "Derrotando o Burnout", "Encarando o Fracasso", "Encontrando o Amor da Sua Vida", "Qual o Meu Propósito?", "Sobrevivendo ao Luto" e "Superando o Término", encontrou na escrita o veículo para compartilhar suas lições de vida e transmitir a força que descobriu dentro de si. Através de sua escrita clara e precisa, Leonardo ajuda seus leitores a encontrar força, coragem e esperança em momentos de profunda tristeza.

Ajude outras pessoas compartilhando suas obras.

REFERÊNCIAS

COLLINS, Jim. Finding Your Purpose: How to Discover Your Unique Contribution to the World. 1ª edição. New York, NY: HarperCollins, 2011.

DUHIGG, Charles. The Power of Habit. 1ª edição. Nova York, NY: Random House, 2012.

FRANKL, Viktor E. Man's Search for Meaning. 1ª edição. Boston, MA: Beacon Press, 1946.

FRANKL, Viktor E. "The Need for Meaning in Life." Journal of Existentialism 15, no. 1 (1984): 5-15.

FERRISS, Timothy. The 4-Hour Workweek. 1ª edição. Nova York, NY: Random House, 2007.

KEYES, Corey L. M. The Psychology of Purpose. 1ª edição. American Psychologist 67, no. 8 (2012): 716-27.

KEYES, Corey L. M., Laura Shmotkin e Martin E. P. Seligman. "The Role of Purpose in Life in Positive Psychology: Toward a More Complete Understanding of Human Flourishing." The American Psychologist 57, no. 1 (2002): 127-38.

PECK, M. Scott. The Road Less Traveled. 1ª edição. New York, NY: Touchstone, 1978.

RUBIN, Gretchen. The Happiness Project. 1ª edição. HarperCollins, 2009.

SELIGMAN, Martin E. P., Mihaly Csikszentmihalyi e Christopher Peterson. "Purpose in Life: The Psychological Science of Meaningful Existence." American Psychologist 66, no. 4 (2011): 181-91.

STEGER, Michael F., Laura Frazier, Todd Oishi, Lindsay Kaler e Michael Turiano. "The Relation of Purpose in Life to Psychological Well-Being: A Meta-Analysis." Journal of Personality and Social Psychology 91, no. 4 (2006): 1082-1097.

STEGER, Michael F., Todd B. Kashdan e Todd Oishi. "Meaning in Life: A Review of the Literature." Psychological Bulletin 134, no. 6 (2008): 181-216.

STEGER, Michael F., Laura Frazier, Todd Oishi e Lindsay Kaler. "The Role of Purpose in Life in Well-Being: A Theoretical and Empirical Review." Journal of Personality and Social Psychology 91, no. 4 (2006): 1182-1196.

TOLLE, Eckhart. The Power of Now. 1ª edição. Nova York, NY: New World Library, 1997.

Warren, Rick. The Purpose Driven Life. 1ª edição. Grand Rapids, MI: Zondervan, 2002.

WONG, Paul T. P. "The Meaning of Life and Why It Matters." American Psychologist 67, no. 8 (2012): 733-48.

L E O N A R D O   T A V A R E S

Qual o meu Propósito?

www.ingramcontent.com/pod-product-compliance
Lightning Source LLC
Chambersburg PA
CBHW051447130726
47987CB00005B/2218